最新事例にみる
婚姻関係の破綻原因
―モラルハラスメント、別居、有責配偶者からの離婚請求など―

著　赤西　芳文（弁護士・元大阪高等裁判所部総括判事）

新日本法規

は　し　が　き

　我が国においては、近時、婚姻件数及び離婚件数共に減少傾向にあり、平成29年には婚姻件数は約60万7,000件、離婚件数は約21万2,000件であったのに対し、令和5年には、婚姻件数は約47万5,000件、離婚件数は約18万4,000件となっています（厚生労働省「人口動態統計（確定数）の概況」/2023年）。そして、令和2年において、性・年齢別の有配偶者に対する離婚率（配偶者がいる人1,000人当たりの離婚者数）は、男性では20歳〜24歳（49.47人）、女性では19歳以下（71.72人）が最も高くなっています（国立社会保障・人口問題研究所「人口統計資料集」/2024年版）。以上によれば、おおよそ、婚姻件数の3分の1程度が離婚に至っており、婚姻してあまり年数が経過していない夫婦における離婚が比較的多いようです。

　本書においては、裁判にまで至った比較的最近の離婚紛争事例について、従来は余り見られなかった紛争事案をピックアップし、類型化を試みたものです。これは、新日本法規出版株式会社から出版された『事例解説　当事者の主張にみる婚姻関係の破綻』（平成31年3月5日初版）の続編的な位置づけとなりますが（重ねて取り上げた事例もあります。）、これらの事案においては、いわゆるモラルハラスメント的な言動が問題となっている事案が多く、その中でも、夫婦それぞれの感じ方、考え方を調整できない事案、家事分担をめぐっての紛糾、キャリアアップの認識の齟齬などが目立ちました。また、夫婦間の紛争をSNSなどで発信する劇場型も現れてきています。そして、婚姻して早期の段階で、信頼関係に基づく生活共同体を築く前に破綻してしまった類型も多くみられますが、これは上記の性・年齢別の有配偶者に対する離婚率の統計から推測される、婚姻して余り期間を経ずして離婚に至る夫婦が多いとの現象と合致するように思われます。有責配偶者

の離婚請求については、破綻主義的傾向が強まってきており、離婚に必要とされる相当な別居期間も短縮される傾向にあるとはいえるでしょう。しかし、他方、信頼関係に基づいて生活共同体を築くという婚姻関係の特質から、裁判実務では信義則的な面はやはり重視されているのであり、個別事案により考慮要素が異なり、別居期間が何年なら破綻が認容されるというような形式的な見方をすることは難しいと思われます。

　本書においては、比較的新しい事例を中心として特色のある婚姻関係の破綻原因を類型化し、その中で、できるだけ具体的な事実関係を取り上げ、これに対する裁判所の判断を示した上で実務的観点から若干のコメントを付しました。今後の実務の参考としていただければ幸甚です。

　なお、本書の刊行に当たっては、新日本法規出版株式会社の宇野貴普氏、加賀山量氏、その他スタッフの方々に、多大なご尽力をいただきました。ここに改めて謝意を表したいと思います。

　令和7年2月

　　　　　　　　　　　　　　　　　　　　　赤西　芳文

著 者 略 歴

赤 西 芳 文（あかにし　よしふみ）

　弁護士　京都弁護士会所属

　富士パートナーズ法律事務所　京都事務所

　京都大学法学部卒業

　京都大学大学院修士課程修了

1972年 4 月　最高裁判所司法修習生（第26期）

1974年 4 月　判事補任官　神戸地方裁判所判事補

1993年 4 月　大阪法務局訟務部長

2007年 1 月　神戸家庭裁判所長

2008年10月　大阪高等裁判所部総括判事

2013年 3 月　定年退官

2013年 4 月　大阪簡易裁判所・地方裁判所調停委員（～2019年）

2013年 6 月　弁護士登録（大阪弁護士会）

2013年 9 月　大阪府公益認定等委員会委員（～2017年）

2014年 4 月　近畿大学法科大学院教授（～2021年）

〔主要著書等〕

　『現代民事裁判の課題［ 3 ］担保』（共著、新日本法規出版、1990年）

　『Ｑ＆Ａ　家事事件の実務と手続』【加除式】（共編、新日本法規出版、2007年）

　『判例にみる　離婚原因の判断－その他婚姻を継続し難い重大な事由と有責配偶者－』（共編、新日本法規出版、2008年）

『事例解説　当事者の主張にみる婚姻関係の破綻』（編著、新日本法規出版、2019年）

『婚姻契約・離婚協議　条項例集』【加除式】（編集代表、新日本法規出版、2021年）

「財産承継と対抗問題に関する実務的検討（信託の利用を含む――不動産の承継に焦点を当てて）」（『研究叢書第67冊　相続法改正と「相続と取引」の枠組変容』所収、関西大学法学研究所、2022年）

「コロナ禍における中小企業の事業再生－特定調停に焦点を当てて」（『コロナ禍の中小企業と法変化』所収、神戸大学出版会、2022年）

「遺言の解釈、特に「まかせる」との遺言文言に焦点をあてて」（『生と死の民法学』所収、成文堂、2022年）

『判例にみる　遺言解釈のポイント－趣旨が不明確、多義的、不記載・誤記、実態との相違、抵触など－』（編著、新日本法規出版、2023年）

略　語　表

＜判例の表記＞

　　根拠となる判例の略記例及び出典の略称は次のとおりです。

　　東京家庭裁判所令和 4 年 7 月 7 日判決、判例時報2541号37頁
　　＝東京家判令 4 ・ 7 ・ 7 判時2541・37

判時	判例時報
判タ	判例タイムズ
家月	家庭裁判月報
民集	最高裁判所民事判例集
家判	家庭の法と裁判

目　次

第1章　新しい離婚原因

（人格否定・罵詈雑言）

【1】　妻が「犬は我慢させられないが、夫は我慢すべき」として同居を拒否し、犬の死亡後も同居しないことなどから、離婚請求が認められた事例……………………………………3

【2】　「極貧貧乏」などと妻から侮辱的で横暴な態度をとられたことなどを理由とする離婚請求が、夫の不貞行為にかかわらず認められた事例……………………………………6

【3】　婚姻関係の破綻は、妻の、夫の作った料理を捨てる、子供を巻き込んで夫を孤立させるなどのモラハラ的行為及び夫からの威圧的言動等によって惹起されたものであるとして、双方の離婚請求が認められた事例………………12

（人格否定・経済的虐待）

【4】　有責配偶者からの離婚請求であるが、クレジットカードを取り上げる、携帯電話やメールを使えなくするなどのことをした相手方配偶者にも破綻の責任があるとして、離婚請求が認められた事例……………………………………16

（共感性欠如・価値観押し付け）

【5】　同居期間が短く、妻が、夫の帰宅の際には、ズボンの裾を床に触れさせないで衣服を脱いで入浴しなければならないなどの異常な清掃習慣を押し付ける、支配的な金銭管理などを理由とする離婚請求が認められた事例…………19

【6】　夫が仕事や家事をせず、堕胎を求めたことなどを理由とする妻からの離婚請求が認められた事例………………23

（威嚇・脅迫）

【7】 妻の夫に対する「あなたが死にますように」「呪いをかけてやる」等の執拗で苛烈な脅迫的メール送信で婚姻関係が破綻したと認められた事例……………………………27

【8】 包丁を持ち出し、「子どもを殺して私も死ぬ」などと妻が発言したことから別居に至った夫の妻に対する離婚請求が認められた事例………………………………………32

（嫉妬・束縛・常時監視）

【9】 夫の妻に対する暴力もあったが、妻が夫の仕事用背広をハサミで切る、無断でGPS機器を設置するなどのことがあり、長年の不仲から、根深い相互不信状態にあり、婚姻関係が破綻していると認められた事例………………35

【10】 妻に不貞の疑いをかけ、ボイスレコーダーやGPS機器設置による監視をし、攻撃的追及・非難をしたことにより婚姻関係が破綻したことを理由として離婚及び妻の慰謝料請求が認容された事例…………………………41

（自尊心を傷付ける行為）

【11】 高齢になり生活力を失ってきた夫に対し、妻が先妻の位牌を取り除いて親戚に送り付け、夫の思い出の品を焼却処分するなどの配慮を欠く行為により、婚姻関係が破綻したとして離婚請求が認められた事例…………………44

（メンタルヘルス不調）

【12】 双極性障害を患い、奇行を行う妻に対する夫の離婚請求が認められた事例………………………………………49

（認知症）

【13】　長年別居している高齢の夫から認知症になった高齢の
妻に対する離婚請求が、夫婦としての実際的な協力義務
を果たせる状況にはないが、婚姻関係が破綻に瀕してい
るとはいえないとして棄却された事例……………………54

（精神的・心理的不適合（性格・価値観相違））

【14】　夫婦は、考え方の相違や性格の不一致から互いに不満
や苛立ちを募らせ、別居時点で互いに強固な離婚意思を
有し、婚姻関係が破綻していたとされ、妻の離婚請求が
認容された事例……………………………………………60

【15】　妻から夫に対するキャリアアップの意識がない、家事
を妻に頼る、妻の収入を頼りに生活しているなどを理由
とする離婚請求が、夫婦には経済的協力関係や仕事と私
生活のバランスの取り方等について考え方の相違はある
が、調整不可能な程度ではないとして、離婚請求が棄却
された事例…………………………………………………63

【16】　ピアニストの妻から会社を退職して税理士試験の勉強
をしている夫に対する精神的不一致等を理由とする離婚
請求が、いまだ婚姻関係を破綻させるものではないとし
て、棄却された事例………………………………………70

【17】　夫から妻に対する家事への不満や価値観の相違を理由
とする離婚請求が、夫が自らの価値基準によってのみ妻
の行動を評価し、不満、不快感を増幅させ、一方的に婚
姻継続を拒否するに至ったから、婚姻関係の破綻は主と
して夫の責任によるとして棄却された事例………………75

【18】　別居は、性格や価値観の相違が大きな要因であり、婚
姻関係は破綻していないとして、離婚請求が棄却された
事例…………………………………………………………81

【19】 夫が、妻が家事育児を担うという婚姻当初の役割分担を変更する必要を認めることができず、流産の際の冷淡な対応、無配慮な言動、育児に対する非協力等から、妻と夫の気持ちは大きくすれ違うようになったとして、離婚請求が認められた事例……………………………… 86

【20】 子は持たず、婚姻は互いに人格的、知的に高め合うものとの認識で結婚した夫婦につき、夫が、妻は自分を高める努力を怠るようになったと感じ、自らも、妻に子供を持ち、長男の嫁としての役割を期待する感情を有するようになった場合、そのような人生観、結婚観等の相違は、決定的なことであり、それを理由とする同居拒否は不法行為とはいえないとされた事例（双方離婚請求）………… 90

（思想・信条）

【21】 婚姻関係の悪化は、夫が休日にも家庭を顧みることなく、市民活動に多くの時間を費やし、遂には教員の職を失うに至ったこと、また、長女への対応や妻の心情に理解を示さないことにあるのに、夫がこれを認識せず、かえって自己の意見や価値観を妻や長女に押し付けたことなどによって婚姻関係が破綻したとして、妻からの離婚請求が認められた事例………………………………… 94

【22】 夫婦間でも信仰の自由は尊重されねばならないが、夫が妻から子供らに教義を教え込まれたくない、家族一緒に正月を祝いたい、先祖供養のために墓参りしたいと考えても、間違っているとして非難できず、夫の考えや気持ちを無視する妻にも責任があるとして、夫からの離婚請求が認められた事例………………………………… 99

（訴訟提起）

【23】　夫が、虚偽の事実を作り出して妻に対する離婚訴訟を
　　提起し、印鑑証明書の不正取得やマンションの分割につ
　　いて別訴を提起して妻に応訴を求めたため、妻が離婚を
　　決意したから、妻に対する慰謝料額としては300万円が
　　相当であると認められた事例……………………………………… 104

（夫婦共同生活を築く前の破綻）

【24】　夫婦の婚姻関係は、家事分担のあり方や妻が主に担当
　　することになった家事（特に清掃）に関して、婚姻当初
　　から双方に意見の相違があり、諍いが絶えなかったこと
　　によって、夫婦としての安定した信頼関係を形成する間
　　もなく破綻に向かったものであるが、夫の暴力、妻のツ
　　イッター書き込みなどがあり、婚姻関係の破綻には双方
　　に責任があるとされた事例……………………………………… 109

【25】　夫婦は、インターネットの出会い系サイトを通じて知
　　り合い、1か月余りで婚約し、その約3か月半後には婚
　　姻の届出をし、その後、わずか2週間余り同居しただけ
　　で別居に至ったというのであり、その婚姻関係は、通常
　　の夫婦と比較すると、さほど強固なものとして形成され
　　ていなかったとして、離婚が認められた事例…………………… 113

【26】　婚姻関係は、実家や親族を重視する夫と夫婦関係を大
　　事に考える妻との考え方の隔たりや金銭感覚の違いなど
　　が要因になって次第に亀裂が深まり、破綻したものと認
　　められるから、本件婚姻の破綻原因は基本的に夫婦双方
　　にあるものというべきであるが、どちらかといえば、婚
　　姻関係の破綻について夫に非があるとされた事例…………… 118

【27】 国際結婚に伴う諸々の障害とりわけ相互理解を深める
　　　ことについて互いの性格、能力が十分でなく、両者の関
　　　係は深刻となっていたが、関係改善の努力はされず、率
　　　直な気持ちの交換の機会を持たないまま、関係は悪化し
　　　ていった。妻は信頼感あるいは愛情の深さを夫に対して
　　　実感できなかったことが婚姻関係の破綻事由であるとさ
　　　れた事例……………………………………………………… 123

（夫婦関係が一旦修復された後の離婚請求）

【28】 夫が妻の不貞行為を一旦宥恕した場合、その後夫婦関
　　　係が破綻するに至った時は、夫が既に宥恕した不貞行為
　　　をもって有責配偶者からの離婚請求と主張することは許
　　　されないとして、妻からの離婚請求が認められた事例……… 127

【29】 長期間の単身赴任等による別居を理由とする夫からの
　　　離婚請求であるが、一旦、夫が関係修復を申し入れたこ
　　　とで夫婦関係は実態を取り戻しており、改めて夫が離婚
　　　を申し入れた以降の別居期間は2年7か月にとどまり、
　　　それほど長期には及んでいないことなどを理由として、
　　　破綻が否定された事例…………………………………………… 131

第2章　別居の期間・理由・態様

（別居期間）

【30】 共働きの夫婦において、家計を管理していた夫に対す
　　　る妻からの、デリヘル利用やゲーム課金が浪費であるこ
　　　と等を理由とする離婚請求について、これらは浪費であ
　　　るが、離婚事由として評価するほどのものではなく、別
　　　居期間も2年程度であることなどを理由として、破綻が
　　　否定された事例………………………………………………… 137

【31】 3年を超える別居期間があり、双方に有責行為はない
が、妻が一貫して離婚を求め、夫の側も妻を関連会社の
登記簿上の代表者から外し、妻名義の生命保険契約等の
名義を変更し、子らのパスポート更新手続への協力を拒
絶するなどしたことで信頼関係が喪失したとして、妻の
離婚請求が認められた事例……………………………………… 142

【32】 別居期間は4年10か月余りと長期に及んでおり、それ
自体として、婚姻関係の破綻を基礎付ける事情である。
そして、妻は一貫して離婚を求め続けており、夫は、審
判で命じられた婚姻費用分担金の支払を十分にしないな
ど婚姻関係の修復意思を有していることに疑念を抱かせ
るとして、妻からの離婚請求が認められた事例……………… 146

【33】 8年を超える別居は婚姻関係の破綻を十分に基礎付け
る事情であるところ、妻の離婚意思は固く、一方、夫に
は自己の価値観と相容れない意見を許容することができ
ない姿勢が強く認められるから、夫婦関係を修復するこ
とも困難であるとして、妻の離婚請求が認められた事例……… 149

（別居理由）

【34】 18年の別居にもかかわらず、別居生活の発端は夫婦間
の不和というよりも、夫が自由な生活を望んだことにあ
り、少なくとも当初においては、別居は婚姻関係の破綻
の表れと認めることはできないとして夫から妻への離婚
請求が棄却された事例…………………………………………… 152

【35】 妻による業務妨害等を理由とする夫の離婚請求につい
て、婚姻関係は30年以上にわたり、共に協力して事業を
発展させてきたものであり、夫婦関係の絆は決して弱い
ものではないこと、別居期間3年6か月は同居期間と比
較すれば、さほど長いとはいえないこと、そもそも夫が
別居に至ったのは、自らの不貞行為を断ち切りたくない
という独善的な動機に基づくものであることなどを理由
として、婚姻関係の破綻が否定され、離婚請求が棄却さ
れた事例………………………………………………………… 156

（別居態様）

【36】 夫が妻に離婚を通告後、別居し、妻との接触を避け、一切の話合いを拒絶し7年以上経過したが、このような場合、別居期間が長期化したとしても、婚姻を継続し難い重大な事由があるとすることはできない。仮に、同事由があるとしても、本件では、離婚を認めた場合、妻は精神的苦境及び経済的窮境に陥るし、未成年の子らの監護・教育・福祉に悪影響が及ぶとして、離婚請求が棄却された事例……………………………………………162

第3章 有責配偶者

（比較的短期間の別居期間）

【37】 夫は有責配偶者であり、別居期間は約2年8か月であるが、同居期間が約1年9か月であることや双方の年齢（30代前半）を考慮すると、別居期間が相当の長期間に及んでいるということができるなどとして、離婚請求が認められた事例……………………………………171

【38】 夫は有責配偶者であるところ、転居してから約4年10か月が経過したにすぎない上、転居後も相当期間、妻や長男と会食や家族旅行をするなど、勤務の都合で一時的に別居を余儀なくされた夫婦と同様の関係を継続していたことから、別居期間は相当の長期間にわたっていないとして、離婚請求が棄却された事例…………………………176

【39】 別居期間が6年以上の有責配偶者である夫からの離婚請求であるが、もともと会話の少ない意思の疎通が不十分な夫婦であったところ、妻と外国人男性との不倫疑惑で夫婦の溝が大きく広がり、互いに夫婦としての愛情を喪失して別居に至った経過等から、離婚請求が信義則に反するものではないとされた事例…………………………181

【40】 別居期間が7年余りの有責配偶者による離婚請求につ
いて、婚姻期間は30年を超えており、その別居期間が相
当の長期間に及んでいるとはいえない。妻は精神的に多
大な負担を強いられており、離婚により精神的に極めて
苛酷な状態に置かれることが明らかであるとして、離婚
請求が棄却された事例……………………………………………186

（未成熟子の存在）

【41】 別居から既に6年以上が経過しているから、婚姻関係
は、既に破綻している。しかし、夫は有責配偶者であり、
離婚により長男がパニックを起こすおそれがあるなど障
害を有する未成熟子への影響が大きいなどとして、離婚
請求が棄却された事例……………………………………………191

【42】 有責配偶者である夫からの再度の離婚請求であるが、
同居期間は約3年11か月であるのに対し、別居期間は9
年1か月に及んでおり、離婚によって妻子が母子家庭と
なるとしても、妻を経済的、社会的、精神的に過酷な状
況に置くとはいえない。また、夫と交際相手及びその間
の子との新たに形成された生活関係に対する配慮も必要
であるなどとして、離婚請求が認容された事例………………199

【43】 有責配偶者からの離婚請求だが、婚姻期間が9年6か
月であるところ、別居期間は8年5か月であり、相当な
長期間に及び、また、小学3年の長男は妻の努力等によ
り良好な教育環境が保たれていること、妻の医師という
職業からすると今後も相当程度の収入があると予測され
ること等から、離婚請求が信義則に反するとまではいえ
ないとされた事例………………………………………………206

（過酷要件）

【44】　別居してから既に12年以上経過後の、有責配偶者である夫からの離婚請求であるが、妻は、現在、資産も安定した住居もなく、離婚が認容されると経済的苦境に陥る。長男は、成人しているが、身体的障害・成育歴等から、妻が独力でその生活の援助を行わざるを得ないのであり、妻を精神的、社会的、経済的に極めて過酷な状況に置くことになるとして、離婚請求が棄却された事例…………213

【45】　別居期間が９年近くに及ぶ有責配偶者である夫からの離婚請求について、離婚すれば、婚姻費用の支払がなくなり、妻が経済的に過酷な状況に置かれ、精神疾患にり患している三男の監護・福祉に著しい悪影響が及ぶ、夫の離婚給付の提案は不確実であるなどとして、離婚請求が棄却された事例…………………………………………218

索　引

○判例年次索引……………………………………………225

第 1 章

新しい離婚原因

第1章　新しい離婚原因　　　3

（人格否定・罵詈雑言）

【1】　妻が「犬は我慢させられないが、夫は我慢すべき」
として同居を拒否し、犬の死亡後も同居しないことな
どから、離婚請求が認められた事例

（東京地判平16・6・23（平14（タ）366））

事例の概要

○当事者等

　X：原告（夫）

　Y：被告（妻）

○事実経過

昭45．5	婚姻。長女（昭和47年出生）、長男（昭和48年出生）がいる。 Xは会社勤務であるが、海外勤務が主である。昭和45年にニューヨーク、昭和59年に西ドイツ、昭和62年にカナダ勤務となり、その間、家族と共に生活。
平5春	家族で話し合い、寒冷地産の大型犬を飼うことになった。
平7．12	XとYはトロント郊外に新居を購入し、移転した。
平8．3	Xはニューヨーク勤務となり、新居を売却し、Yと共に移住した。
平9．7	Xは日本国内勤務となったが、Yは、飼い犬が寒冷地産の大型犬であり、日本に連れ帰れないとして、Xと共に帰国せず、カナダ国内に居住。
平11	飼い犬死亡。Yはカナダに留まったままであった。
平13．7	XはYに対し、ファクスで離婚を切り出した。

○当事者の主張

〔Xの主張〕

平成9年7月、Xは社命で帰国することになり、Yに共に帰国することを図ったが、Yは、「愛犬は日本に住むのに適していない」「犬は我慢させられないが夫は我慢すべき」と主張して応じず、Xのみ帰国した。その後、平成11年には飼い犬も死亡したのに、YはXの同居の要請を拒み続けて5年の歳月が流れた。その間、Xは単身生活により職務上、生活上の辛い思いをした。Yが帰国することに応じず、別居を主張して以来婚姻関係は破綻した。

Yの同居拒否は悪意の遺棄に当たる。

〔Yの主張〕

平成9年7月、Xが日本本社に勤務が決まった時点で、夫婦で話し合い、家族の本拠地をカナダに置くこととして、住居を購入し、Xが逆単身赴任し、老後の居住地は定年後に話し合って決めるとの結論を出した。

平成11年夏、犬の死亡後は、YはXの下に長期間滞在した。XとYは平成9年以降、平成13年夏まで、実質的な夫婦として生活した。破綻時期は平成13年夏であり、その責任はXにある。

裁判所の判断

平成9年7月以降の別居は合意によるから、婚姻関係の破綻とはいえない。しかし、飼い犬死亡後もYは別居を継続した。平成13年7月にはXはYに対し、離婚を求めているから、婚姻関係は破綻している。Xの離婚請求には理由がある。

第1章　新しい離婚原因　　5

（判断理由）

　平成9年7月以降の別居は、合意によるから、婚姻関係が破綻したとはいえない。しかし、この別居は、Yが飼い犬のために帰国を拒絶したことに端を発しており、飼い犬が死亡した平成11年以降もYはXと同居しなかった。これによりXは単身赴任の不便な生活を強いられた。同居義務は婚姻関係の基本をなすものであり、同居を妨げる事情が解消された場合は、同居を前提に行動することが本来の在り方である。その後、平成13年夏には、XはYに対して離婚を求めて、同居するか離婚するかの選択を迫ったが、Yは同居を選択しないで現在に至っている。もはやXとYの婚姻関係は完全に破綻し、修復は不可能であり、Xの離婚請求は理由がある。

> ## コメント

　夫は海外赴任の多い会社員で、海外を転々と赴任しましたが、妻もこれに従って共に生活してきました。しかし、夫に帰国命令が出ても、妻は寒冷地産の大型犬がおり、「犬は我慢させられないが夫は我慢すべき」として、共に帰国することを拒否しました。この際は、一応、夫と妻の話合いで夫が単身帰国することになりましたから、これを婚姻の本旨に反する別居と捉えることはできません。しかし、数年後、飼い犬が死亡したのに、妻は帰国しなかったことから、婚姻関係の破綻が認められました。同居は婚姻関係の基本的要素ですから、合理的理由のない同居拒否は婚姻関係の破綻を基礎付ける事情とされたものです。なお、妻が帰国して同居することを拒否した理由として述べた、夫よりも飼い犬のことを重視した発言はモラハラ的な発言と捉えられても仕方がないものです。本件では、そのような発言自体をもって婚姻関係の破綻事由とはされていませんが、婚姻関係の破綻事由である同居拒否の伏線となったものといえます。

6　　　　第1章　新しい離婚原因

【2】　「極貧貧乏」などと妻から侮辱的で横暴な態度をとられたことなどを理由とする離婚請求が、夫の不貞行為にかかわらず認められた事例

（東京家判令2・3・31（平30（家ホ）1023））

```
事例の概要
```

○当事者等

　X：原告（夫）

　Y：被告（妻）

○事実経過

平2．6．13	婚姻。XY間には3人の子がいるが、口頭弁論終結時には成人している。
平7頃	自宅にXの勤務先大学勤務の女性Dが訪ねてきた。
平17頃	喧嘩が多くなった。YはXに「極貧貧乏」「甲斐性なし」「あなたの被害者」などと言った。
平19頃	Xが飼い始めた犬の世話をめぐってYがXの太ももを蹴った。
平28．4	二女が大学に進学したが、手術の結果、肺機能が損なわれ、身体障害者1級の認定を受け、大学を退学して独居している。YはXに天罰と言った。
平29．4	XとYがXの両親との同居について話をした際、Yは「別居するしかない」「慰謝料もらって別れるしかない」「5,000万円でマンションを用意して、あと5,000万円を慰謝料として払ってもらう」などと言った。また、YはXを異常人間、犯罪者などと言った。
平29．5．6	Xは、自宅を出て別居を開始した。

第1章 新しい離婚原因　　7

○当事者の主張

〔Xの主張〕

1　Yは、婚姻以降、Xに対し、長年にわたって、Xを「極貧貧乏」、自らを「あなたの被害者」などと言い、Xの両親をも非難するなど、繰り返し、侮辱的で横暴な言動を取り続け、時にXに対し暴行に及ぶこともあった。また、Yは、子らの監護養育を懈怠し、特に重度の疾患に苦しむ二女の看護に対しては理解がなかった。

2　Yが主張するXとDとの関係は、Xの研究室の上司と部下であるにとどまり、XはDと肉体関係を持っておらず、不貞行為はない。

3　Xは、Yの上記1の言動を原因として別居を決意し、平成29年5月6日に別居し、それ以降、別居期間は約2年9か月に及んでいるのであるから、婚姻関係は既に破綻しており、婚姻を継続し難い重大な事由がある。

〔Yの主張〕

1　XとYは、別居直前まで、二人で外食に行ったりするなど、その夫婦関係は良好であった。そうであるにもかかわらず、Xは、平成29年4月頃に、Dの存在をきっかけとして突如離婚を考えるようになり、一方的に別居に及んだものである。Yは、夫婦喧嘩の中で、Xに対し、別居や離婚に関しても言及したことはあったものの、悔しさや愚痴からそのような発言をしてしまったものに過ぎず、婚姻を継続する意思は一貫して有していた。Xが提出する録音は、XがYを挑発して行わせた発言の一部を切り取ったものに過ぎず、YがXに対し、継続的にそのような言動を行っていたものではない。

2　Xは、平成7年に一度不貞行為を行い、また、平成29年から現在までDと不貞行為を行っている。

3　上記1記載のとおり、XとYとの婚姻生活は別居までの間良好であったのであって、Yは婚姻関係の継続を望んでいるから、婚姻関

係はいまだ破綻していない。

4　仮に婚姻関係が破綻しているとしても、その原因は上記2記載の
　　Xの不貞行為にあるから、Xは有責配偶者であり、その請求は信義
　　則に反し認められない。

裁判所の判断

　婚姻関係は、良好でないことがあったが、良好な時期もあったところ、Yと二女やXの両親との不仲の問題があり、Yの発言がXの別居を決意させた理由となった。現時点では、婚姻関係は破綻しているが、Xは別居時にはDと不貞関係にあったとは認められず、Xは有責配偶者とはいえない。

（判断理由）

1　XとYとの婚姻関係は、平成17年頃から口論が多くなり始め、そ
　　の中で、Yは、Xに対し、「極貧貧乏」など、Xの収入の少なさや両
　　親から援助を受けていることについて繰り返し批判しており、平成
　　19年頃には、Xの太ももを蹴ったこともあるなど、その婚姻関係は
　　良好でないことがあった。また、遅くとも平成23年頃からは、Yと
　　Xの両親及び二女との関係も悪化していた。

2　平成26年からは、口論の頻度自体は少なくなり、XとYは二人で
　　外食に出かけ、平成29年4月の時点でも、Xが出席する大学の行事
　　をめぐって友好的なやりとりをするなどしており、これらのことか
　　らは、XとYとの婚姻関係が平成26年から別居に至るまで、常に悪
　　化していたものではなく、良好な時期もあったことが認められる。

　　　しかし、この間においても、Yは、平成28年に二女が受けた手術

及びその後に残った障害について、Xに対し「天罰」と言ったり、平成28年4月に二女の大学の入学式のために上京したXの両親との食事をめぐって、Xと口論になったりするなど、それ以前の不仲の原因の一つであった二女及びXの両親との不仲の問題は改善しておらず、平成26年以降の婚姻関係は、それらの点についての問題を留保した状態にあったといえる。

3　そのような中で、Xが、平成28年12月頃、Xの両親と平成29年12月に同居する計画について述べたことをきっかけに、Xの両親との今後の関係についての協議が始まり、同年4月に行われた話合いの際には、Yは、Xに対し、「異常人間」、「犯罪者」、「根本的に間違ってる」などとその人格を非難する発言をし、また、5,000万円で神戸にマンションを買い、さらに5,000万円慰謝料を支払うことを求めるなど、離婚や財産分与を前提とした発言をしている。YのXに対する「異常人間」、「犯罪者」などの表現が、通常の婚姻関係の中における諍いの範疇にとどまるものとは評価できず、Yの上記の発言等は、Xとして別居を決意する十分な理由となったものといえる。

4　また、Yは、別居後である、平成29年5月にも、Xに対し、間違った結婚をした、仕返しする、あなたがどうなっても知らないなどと、婚姻生活及びXに対する否定的な言動を取っており、別居後も、婚姻関係の修復を求めるような言動はみられない。

5　Xは、平成30年5月時点では、Dと肉体関係を伴う交際をしていたと推察される。Yの言動等と、XのDとの肉体関係はいずれも婚姻関係破綻の原因となっているといえ、本件口頭弁論終結時には別居期間が約2年9か月に及んでおり、Xの離婚意思は強固であることなどからすると、婚姻関係は現時点では既に修復の可能性がなく破綻しているといえ、婚姻を継続し難い重大な事由が認められる。

6　YのXに対する侮辱的な言動の程度や、別居時に既にXがDと肉

体関係を有していたとまでは認められず、ＸとＤとの肉体関係が、婚姻関係破綻の主たる原因であるとまでは認められないことから、Ｘは有責配偶者であるとはいえない。

コメント

本件は、妻の夫に対する口論の際の表現がきつく、「極貧貧乏」「甲斐性なし」などと罵ったり、犬の世話をめぐり夫の太ももを蹴るなどのこともあり、夫婦の関係は良好とはいえず、また、妻が二女、夫の両親と不仲であるなどの問題はあったが、比較的良好な時期もあったので、裁判所は、別居までは、婚姻関係が破綻していたとまでは認めなかったものです。しかし、夫の両親との同居をめぐる話合いで、妻が夫を「異常人間」、「犯罪者」、「根本的に間違ってる」などとその人格を非難する発言をし、離婚の場合には妻に高額のマンションを買い、高額の慰謝料を支払うことを求めるなど、離婚や財産分与を前提とした発言もしており、このような発言等が、夫として別居を決意する十分な理由とされました。それ以降、夫が別の女性との肉体関係を有する交際をしていることが推認されましたが、別居以降、当事者間で修復に向けた行動がないことも相まって、別居期間２年９か月であるが、口頭弁論終結時には婚姻関係が破綻しているとされました。また、妻の上記のような言動も考慮され、夫は有責配偶者ではないとされました。社会通念上、夫婦喧嘩の範囲に収まるような言い争いであれば、夫の別居は不貞に基づくものであり、夫は有責配偶者であって、離婚請求は認められないと判断された可能性はあると思われます。本件では、妻の発言が大変に侮辱的、攻撃的であり、また、自ら離婚の場合の条件を述べていることなどから、別居についての責任を専ら夫に負わせることができなかったものです。夫はその後Ｄという女性と性的

関係を有する交際をしていることが認定され、このことも相まって破綻が認定されましたが、夫の有責性は否定されました。裁判所は、双方の言動や関係修復の行動などを総合考慮して、そのように判断したものですが、妻側が破綻を否定し、あるいは夫が有責配偶者であると認定されるためには、夫には別居前から不貞があったこと、自分は関係修復の努力をしたので、別居は専ら夫の不貞によることを具体的に主張し、証拠を提出して立証すべきであったといえるでしょう。反面、離婚を求めた夫の側は、妻のモラハラ的言動を証拠として提出できたことが離婚の認容判決につながったといえるでしょう。本件の特色は、妻側が夫に対して夫の収入や人格について通常の夫婦喧嘩の範疇を超えたモラハラ的な言動を繰り返したことが証拠上認定され、このことが大きな要因として、別居期間は2年9か月とそれほど長期ではありませんが、口頭弁論終結時には婚姻関係が破綻していたとされ、その破綻には双方の責任があるとして、離婚請求が認められたことにあるでしょう。

＜参考判例＞

〇夫の妻に対する長年にわたる暴力・モラハラにより、妻の不貞時には、婚姻関係が破綻に瀕していたと認められた事例（東京地判平26・9・11（平25（ワ）17651））

第1章　新しい離婚原因

【3】　婚姻関係の破綻は、妻の、夫の作った料理を捨てる、子供を巻き込んで夫を孤立させるなどのモラハラ的行為及び夫からの威圧的言動等によって惹起されたものであるとして、双方の離婚請求が認められた事例

（さいたま家判令3・9・30（令元（家ホ）177・令2（家ホ）261））

> ### 事例の概要

○当事者等

　X：原告（夫　反訴被告）

　Y：被告（妻　反訴原告）

○事実経過

平13.　3	婚姻。なお、婚姻前の交際中に、XがYに飼育していたハムスターを預ける際、「（ハムスターを）殺したら殺すぞ」と言ったことから、YはXに不信感を抱くようになった。
平14	長女出生。
平18	長男出生。
平23、24頃	XとY間に性交渉がなくなった。 XはYとの口論時に大声で怒鳴ったり、子らに対して威圧的な言動を繰り返した。YもXが作った料理を捨てたことがあった。
平25頃〜	XはYに話しかけても無視されるようになった。
平28頃	Yと子らはXと食卓を囲まなくなった。XとYは子らの前で口論するようになった。
平29.　9〜	長女が精神科に通院し、平成31年2月、抑うつ状態と診断され、両親の不仲はストレス要因であり、特

第1章　新しい離婚原因　　　　　13

	に、父親XのY及び長女に対する支配的な関わりは長女の精神状態に影響しているとの診断書記載がある。
平30. 11	離婚調停。
平31. 3. 22	Yが子らを連れて自宅を出た。

○当事者の主張

〔Xの主張〕

　Yは、Xに冷淡な態度をとり、無視するようになり、その後、子らもXを無視するようになった。平成30年4月からは家庭内別居となり、平成31年3月からYが家を出たから、婚姻関係は破綻している。

〔Yの主張〕

　婚姻関係が破綻していることは認める。破綻原因は、XがYや子らに対し、暴力を伴う威圧的言動を恒常的に行い、長女が抑うつ状態になり、登校が困難になるなど子らの健全な成長を阻害する事態が現実化したことである。

裁判所の判断

　XとYは、いずれも婚姻関係を継続する意思がなく、離婚を求めているから、婚姻関係は既に破綻している。破綻の責任は双方にある。

（判断理由）

　XとYは、婚姻当初からあまり良好な関係にはなく、長男と長女をもうけた後も関係は改善されず、XがYらに対して威圧的な言動を繰り返したのに対し、Yも、Xが作った料理を捨てたほか、平成25年頃

からXを無視するようになり、平成28年頃からはXと食卓を囲まなくなり、家庭内でXを孤立させ、さらに、その頃からYが子らの面前でXと言い争いをするようになった。このような状況下で子ら（特に長女）の精神状態が一層悪化したこともあって、夫婦関係の修復は著しく困難となり、婚姻関係が破綻するに至ったものである。

　このような経過を踏まえると、婚姻関係の破綻についての責任は、Y及び子らに対して威圧的な言動を繰り返したXだけでなく、Xに対して上記のような不適切な対応を繰り返して事態を一層悪化させたYにもあるといわざるを得ない。X・Y共に有責である。したがって、Yの慰謝料請求は理由がない。

┌─────────────┐
│   コメント   │
└─────────────┘

　本件は、婚姻当初から、妻が夫に不信感を抱くなど、良好な関係になかった事案です。妻が夫を無視し、家庭内で孤立させる行為により、婚姻関係が破綻したとして、夫が妻に対して離婚を請求したのに対し、妻も、夫の威圧的言動により長女が抑うつ状態になるなどにより婚姻関係が破綻したとして離婚を請求する反訴を提起したものです。双方が離婚を求めたのですから、離婚が認められたのは当然ですが、妻の夫に対する慰謝料請求の関係で、破綻の責任がどちらにあるかが問題とされました。裁判所は、夫と妻双方に破綻の責任があり、双方が有責であると判断しました。本件においては、夫について典型的な婚姻関係の破綻惹起行為といえる威圧的・支配的言動が認定されるとともに、妻についても、夫の作った料理を捨てる、子らを巻き込んで夫を孤立させるなどのモラハラ的な行為が認定されました。そして、子らが被害者であり、夫婦双方が子らに対しては有責者であるとされたものです。すなわち、夫婦のどちらかが有責であり、他方は被害者であ

第1章　新しい離婚原因

るという典型例に当てはまらない破綻類型が認定されたといえるでしょう。この点で、新しい離婚原因といえると思います。また、双方が子らに対して有責であるとの説示は、法的というより、双方に反省を促す趣旨であろうと思われます。

　なお、離婚に伴う慰謝料を請求する場合は、裁判官にどっちもどっちという心証を与えないように、相手方配偶者の行為に対して婚姻関係を維持するために常識的で冷静な対応をしたことを説得的に主張立証できることが必要といえるでしょう。

（人格否定・経済的虐待）

【4】　有責配偶者からの離婚請求であるが、クレジットカードを取り上げる、携帯電話やメールを使えなくするなどのことをした相手方配偶者にも破綻の責任があるとして、離婚請求が認められた事例

（東京高判平26・6・12判時2237・47）

（原審：横浜家判平25・12・24（平25（家ホ）103））

事例の概要

○当事者等

X：原告（妻　控訴人）

Y：被告（夫　被控訴人）

○事実経過

平17.　6	婚姻。長男（平成19年出生）、長女（平成21年出生）がいる。 Xはフランス国籍、Yは日本国籍。
平22.　5	Xはフランス大使館にメールで、YがXの携帯電話とインターネットを止め、家の鍵を交換して、Xに離婚しようと言っているなどと相談した。
平23.　5	Yは、フランスにいたXと子らに会いにフランスに行き、Xと二人で旅行した。
平23.　10～12	XはCと交際した。
平24.　3～現在	XはDと交際し、現在、同居している。
平24.　5上旬	XはYに離婚してほしいと告げた。
平24.　5.　30	Xが子らを連れて別居。

| 平24. 9 | XがDの家から出てくるのをYが待ち構え、暴力沙汰になり、警察官が臨場した。 |

※備考　原審は、別居期間は1年半余りであり、夫婦関係修復可能性がある、仮に破綻していても、Xは有責配偶者であるとして離婚請求を棄却した。

○当事者の主張

〔Xの主張〕

　Yとは性格が合わない。YがXの携帯電話、メール、クレジットカードを使えないようにした。Yが精神的に虐待する、生活費を渡さない、子らのパスポートを取り上げるなど、婚姻を継続し難い重大な事由がある。

〔Yの主張〕

　Xは、C、Dと交際しており、有責配偶者である。

裁判所の判断

　婚姻関係は既に破綻している。Xは不貞をしており、有責配偶者である。しかし、YがXの携帯電話やメール、クレジットカードを使えないようにし、Xの信頼を失ったため、夫婦の亀裂が拡大したから、破綻の責任の一端はYにもある。Xの離婚請求は認容するのが相当である。

（判断理由）

　夫婦関係が決定的に破綻したのは、XがCやDと不貞行為に及んだことが直接の原因であるから、Xは有責配偶者である。しかし、最初に離婚を切り出したのはYであり、Xの携帯電話やメール、クレジッ

トカードを使えなくし、Xの人格を否定し、Xを追い詰める行動をとったため、XがYに対する信頼を失い、亀裂が急速に拡大した。その他の事情を考慮しても、Xの離婚請求が社会正義に照らして許容できないとはいえない。本件請求は理由がある。

コメント

　本件は、別居期間は原審の時点で1年半程度であり、さほど長期間ではありませんが、妻は他の男性と交際し、現在、Dと同居しているのですから、破綻が認められました。別居理由は、妻の不貞行為と夫による妻の携帯電話、メール、クレジットカードを使えなくした行為です。

　裁判所は、妻の請求は有責配偶者からの離婚請求だが、破綻についての責任は、妻の不貞行為のみではなく、夫の上記のような人格否定的行為によって妻を追い詰めていったことにもあるとしました。

　今日では、携帯電話やメールの使用、クレジットカード使用は、日常生活に必須ですので、合理的理由なく、これらの使用を制止することは人格の否定行為であり、経済的にも追い詰めるものであって、モラハラ行為とされます。本件は、夫の上記のようなモラハラ行為が婚姻関係の破綻に寄与したと認められた事例です。なお、本件では、妻が有責配偶者とされているところ、有責配偶者による離婚請求については、最高裁大法廷昭和62年9月2日判決（民集41・6・1423）の判旨に従い、①別居が相当の長期間に及んでいるか、②未成熟子が存在しないか、③相手方配偶者が離婚により過酷な状況に置かれるような事情がないかを検討することになりますが、本件では、夫に上記のようなモラハラ行為があり、このことも婚姻関係の破綻に寄与したこと、妻による子らの養育状況に問題がないこと、離婚により夫が著しく不利益な立場に置かれることはないことから、妻の離婚請求が認められました。

第1章　新しい離婚原因　　19

（共感性欠如・価値観押し付け）

【5】　同居期間が短く、妻が、夫の帰宅の際には、ズボンの裾を床に触れさせないで衣服を脱いで入浴しなければならないなどの異常な清掃習慣を押し付ける、支配的な金銭管理などを理由とする離婚請求が認められた事例　　（千葉家判平30・9・7（平29（家ホ）10））

事例の概要

○当事者等

　X：原告（夫）

　Y：被告（妻）

○事実経過

平27. 3頃	XとYは婚活サイトで出会い、交際を始めた。
平28. 2. 11	婚姻。子はいない。 Xの両親は結婚に難色。XはYに両親と絶縁するから結婚してほしいと伝える。 Xは製鉄所で作業オペレーター。 Yは、Xに帰宅時の裾上げ、手洗い、入浴などを指示。
平28. 3	YがXに家計の話をし、同年4月から金銭管理をするようになり、Xに節約を求めた。
平28. 4	Xは禁煙外来に通院したが、Yは禁煙せず、Xは釈然としなかった。他方、Yは不妊治療の辛さをXが理解しないとして不満を抱いた。
平28. 5. 24〜29	ハワイ旅行で、Xが両親や姉の話をしたことなどから喧嘩。

平28．5．29	別居。 XとYは電話やメールでやり取り。 Yからは、「今後もし二人の同居生活が続くとして、…諸々の私の要望に、一筆入れてもらいますので、そのつもりでいてください。」「(Xが、親を捨ててYを選ぶということを強く言ったから結婚に至ったという経緯を述べた上で) あなたは、私に言葉通りの言動をとらなくてはならないはずですよね。一生です。それくらい、大事なことです。一生を左右する結婚」などと記載した。
平28．6．4	XがYに離婚したいと申出。

○当事者の主張

〔Xの主張〕

　Yは、Xに帰宅の際には、ズボンの裾を床に触れさせたりしないで衣服を脱いで入浴しなければならないなどの異常な清掃習慣を押し付けた。YはXを夫として尊重することなく、自分の価値観を押し付け、Xに少額の小遣いしか渡さない。

　同居期間は約3か月半にすぎず、2年以上にわたり別居している。

〔Yの主張〕

　Yがきれい好きなことは認めるが、Xに異常な清掃習慣を押し付けたことはない。Yが支配的な金銭管理をしていたことはない。

　別居も当初は別居解消日を約した上での一時的なものであった。

　Yは、調停の場で態度を改めることを伝えるなど関係修復に向けて努力をしてきた。

第1章　新しい離婚原因　　　21

裁判所の判断

　ＸはＹの態度に不満を抱いたが、新婚旅行中及び帰宅後の喧嘩によってこれが爆発し、別居に至った。Ｘには婚姻関係を継続する意思は全くなく、別居期間と同居期間を考慮すると、婚姻関係は既に破綻している。

（判断理由）

　ＸとＹは、平成28年2月に婚姻したが、共同生活を送る中で、Ｙは、Ｘに対し、外出から帰宅した際には室内専用スリッパを履くこと、作業ズボンの裾が床に付かないように裾を上げて室内に入り、服を脱いで洗面所で手を洗い、そのまま入浴することなどを要求するようになり、Ｘが通った玄関や扉や床や壁などをその都度拭いた。また、Ｙは、同年4月から、Ｘが使ったお金とＸの財布の残額をＹが把握するとともに、Ｘにもきちんと把握するよう求め、節約を求めるなどした。Ｘは、潔癖ともいえるＹの要求に従った生活を送ることを苦痛に感じ、またＹの金銭管理が支配的であるとして不満を抱くようになっていたところ、ハワイ旅行での喧嘩及び帰宅後の喧嘩によって、これまでの不満が爆発した形となり、同年5月29日に別居に至ったこと、お互い冷静になるためということで始めた別居ではあったが、別居後の口論やＹからのメールの内容、電話でのやり取り、Ｘが自宅マンションの近くまで赴いて許してほしいと述べたのに対しＹがＸを家の中に入れようとしなかったことなどで、ＸはＹとの離婚を決意し、以後、2年以上にわたり別居していること、この間、Ｙから謝罪とやり直したい旨の申入れが複数回あったものの、ＸにはもはやＹとの婚姻関係を継続する意思は全くないことが認められる。そして、ＸとＹとの間に子はおらず、別居期間は同居期間の8倍に及び、婚姻前の同居期間を入

れても4倍に及ぶことなどを考慮すると、客観的にみて、XとYとの婚姻関係は、現時点においては既に破綻しているものと言わざるを得ず、婚姻を継続し難い重大な事由があると認められる。

コメント

　本件は、結婚当初から、妻の潔癖ともいえる清掃習慣に従うことを強いられ、また、妻の金銭管理が支配的と感じて、共同生活を送ることを苦痛に感じるようになった夫が、旅行先及び帰宅してからの喧嘩を契機として、別居に至った事案で、同居期間も短期だったものです。夫婦の生活に対する考え方や価値観が異なるのはよくあることですが、婚姻前にはそのことが分からず、共同生活をするようになってから、葛藤を生ずることも珍しくないでしょう。本件では、妻の要求が性急で妥協を許さないように夫に受け取られたことから、短期間で別居に至ったものです。夫婦間の共同生活において、互いに話し合い、配慮し合って、夫婦共同生活関係を築く前に、性急にYが自らの考えを貫くことに重きを置いたことから、別居に至ったものです。双方に別居について有責性があるとまではいえませんし、別居期間は2年程度ですが、同居期間が3か月半程度と短期であり、Xの離婚意思が固く、婚姻関係の破綻が認められ、未成熟子もいないことから、離婚請求が認容されました。共同生活を築く前に、妥協なく、自らの考え方、生活態度を貫こうとして、破綻に至ってしまった事例であり、別居期間の短さは余り問題とならなかったものです。本件は、**(夫婦共同生活を築く前の破綻)** 類型にも該当します。

＜参考判例＞

〇夫婦の生活観・人生観の相違によって婚姻関係が破綻したと認められた事例（東京高判昭54・6・21判時937・39）

第1章　新しい離婚原因　　23

【6】　夫が仕事や家事をせず、堕胎を求めたことなどを理由とする妻からの離婚請求が認められた事例

（東京家判令3・3・29判タ1502・241）

$$事例の概要$$

○当事者等

X：原告（妻　反訴被告）

Y：被告（夫　反訴原告）

○事実経過

平22. 12	婚姻。Xは日本及びD国の国籍を有し、Yはチェコ及びE国の国籍を有する。Xは医師として勤務、Yとの間の長男を出生。 XとYは外国で仕事をした。
平25. 3	XとYはチェコに移住し、Xは勤務を続けたが、Yは仕事に就かなかった。
平26. 5	Xは第2子を懐胎したが、Yの意向も踏まえて堕胎した。
平26. 6	XとYは来日した。Xは就職したが、Yは特段の仕事に就かなかった。 Xは、Yが仕事や家事、育児を思うほどしてくれないと感じており、また、第2子を堕胎せざるを得なかったことから、不満を募らせ、しばしばYと口論した。
平26. 10	Yが日本から出国して別居。
平27. 6	XはYに離婚意思を伝えた。
平27. 8	XとYはメールでやり取りし、YはXに「歓迎され

	ないところに戻りたくない」などとのメールを送信し、XはYに「信頼できなくなった相手を愛するのは難しいことです。」などとの手紙を返信メールに添付した。
平28.　1	Xは遅くともこの頃から同僚のLと性交渉を伴う交際をするようになった。
平28	Xは離婚調停を申し立てたが、不成立。
平30.　3	Xは本訴を提起した。

○当事者の主張

〔Xの主張〕

Yは、別居後、婚姻費用を支払わず、Xを悪意で遺棄した。

Yは婚姻当初から仕事も家事もほとんどせず、平成26年5月にはXが懐胎した第2子を堕胎するように求めるなどしたことから、夫婦関係は冷え切り、Yの出国により破綻した。別居期間は6年以上にわたる。XはLと平成28年1月頃から交際したが、それ以前にYとの婚姻関係は破綻していた。

〔Yの主張〕

YはXに定期的に現金を渡し、平成30年10月以降は、婚姻費用分担の審判に従い、婚姻費用を支払っている。

Xとは冷え切った関係でなかった。Yが出国したのは仕事の都合である。その後も、Yは日本に戻り、Xや長男と会っているから、破綻していない。仮に破綻しているとしても、それはXが平成27年5月頃からXの同僚であるLと不貞関係を結び、同棲しているからであり、Xは有責配偶者である。

第 1 章　新しい離婚原因　　25

裁判所の判断

　ＸがＹに対して、仕事や家事、育児を期待ほどしないと感じ、Ｙの意向で第２子を堕胎したことも相まってＸＹの関係は相当悪化していたところに、平成27年８月のメールのやり取りがあったから、この時点で破綻したものと認めるのが相当である。

（判断理由）

　Ｘは、婚姻後、Ｙが仕事や家事、育児を思うほどにしてくれないと感じていたことに加え、平成26年にＹの意向を踏まえて第２子を堕胎せざるを得なかったことも相まって不満を募らせ、Ｙとの間で口論をするなどをし、Ｙが同年10月に出国を決めた時点でＸＹ間の関係は相当程度悪化したものと認められる。その後、Ｘは、Ｙに対する不満や不信感から離婚を考えるようになり、平成27年６月には離婚を決意し、Ｙに対し、離婚意思を伝え、同年８月には、互いに、上記事実経過記載のメールを送信したというのであるから、ＸとＹは、遅くとも平成27年８月の時点において、婚姻関係を修復することを諦め、あるいは離婚をせざるを得ないと考えるに至っていたというべきである。そうすると、ＸＹ間の婚姻関係は、客観的にみて、平成27年８月の時点において、修復が著しく困難な程度に破綻したものと認めるのが相当である。

コメント

　本件は、妻が夫に対して、仕事、家事、育児を期待ほどしてくれないことに不満を持っていたが、さらに、第２子を妊娠したのに、夫の

意向で堕胎したことなどから口論をし、関係が悪化したことが婚姻関係破綻の大きな伏線となったものです。婚姻関係は夫婦が信頼関係に基づき共同して生活を営むものですから、合理的な理由や説明もなく、他方の期待するような仕事、家事、育児をしないのは、一種のモラハラともいえます。堕胎については、当時、一応の合意はあったのかもしれませんが、合理的な説明もなく堕胎を強いたのであれば、やはりモラハラ的な行為といえるでしょう。本件は、同居期間が約4年、別居期間が約6年（口頭弁論終結時）だったようですが、裁判所は、上記のような経緯から別居に至ったことから、別居期間の点に敢えて触れずに破綻を認め、離婚を認容したものです。

第1章 新しい離婚原因　　　27

（威嚇・脅迫）

【7】　妻の夫に対する「あなたが死にますように」「呪いを
　　　かけてやる」等の執拗で苛烈な脅迫的メール送信で婚
　　　姻関係が破綻したと認められた事例

（東京家判平26・5・27（平23（家ホ）1179））

事例の概要

○当事者等

　X：原告（夫）

　Y：被告（妻）

○事実経過

平20. 6. 22	婚姻。同年に長男A出生。
平22. 3まで	Xの単身赴任。
平20. 1〜10	XY間でメールのやり取り。Yは、「お母さまのもう一つの目を潰します」「轢いてやる」「縄でくくり付けて引き摺るの」「離婚して」「慰謝料もらうのは当たり前」「減らず口叩くとひどいからね」「あなたが死にますように」「呪いをかけてやる」「最初から離婚する気なんだけれど」「もうあなたには用がないから」「そもそも最初から離婚するつもりで結婚したのに」等のメールをXに送信した。
平23. 3	Yは、第2子の妊娠が確認されたが、流産した。
平23. 4	Xが自宅を出て別居。 Xは別居後、適応障害で通院治療を受けていたが、現在では症状はみられない。

※備考　Yは、自宅で長男を監護養育している。

第1章　新しい離婚原因

　　Xは公務員であり、平成23年分の給与は約495万円、Yは会社員であり、同年分の給与は約815万円である。

○当事者の主張

〔Xの主張〕

　XとYとの婚姻関係は、YからXに対する多数の脅迫的なメールの送信、Xの持ち物である衣服、靴、パソコンディスプレイの破壊といった異常な言動が続く中で、Xの我慢が限界に達したこと、また、Yは自らが行ったことが明白な行為さえ否定していることから、XとしてはYと信頼関係をもって生活することなど到底できなくなったこと及びXとYとの別居期間が既に3年になろうとしていることから破綻していることは明らかである。

〔Yの主張〕

　Xの主張に係るYからXに宛てたメール送信の事実はない。また、XとYとは、上記メール送信があったとされる期間中に婚姻届、写真館での記念撮影などの行動を共にしたのみならず、平成22年9月の自宅における家族でのパン作り、同年10月の家族での公園行楽、同年11月の家族旅行、平成23年1月及び2月のXとY2人でのディズニーランド行楽、さらには、同年2月のYの妊娠といった事実が示すように、Xにおいては、それまでに離婚に至るほどの精神的苦痛は受けていない、又は、上記メールの件については許していたと考えるのが相当である。

> ## 裁判所の判断

　Yが、Xに対する要求、難詰、非難及び制裁又は報復を辛辣で苛

> 烈な文言を使ってメール送信し続けたこと等によって、ＸとＹの婚
> 姻関係は破綻した。

（判断理由）

　Ｙは、婚姻届及び挙式に先立つ平成20年５月18日、原告に宛てて「Ｙ
はお母様のもう一つの目を潰します」、「直接手で潰すのは抵抗あるか
らニコチンで簡単にやるつもり」といったＸの母に危害を加える意図
を示す内容のメールを送信していたこと、Ｙは、Ｘとの婚姻後２か月
を経ない同年８月９日には、Ｘに宛ててＸの言動を強く詰るとともに
生命を脅かす内容のメールを送信し、同月26日には、「離婚届」の件名
で、「こちらで出しておきます」、「赤ちゃんの親権者はＹ」、「でもＹは
絶対に許しません」、「限界まで絞り取ってやるから覚えておき」と
いった内容のメールのほか「離婚して」という件名で、Ｘに離婚を求
めたこと、その後も長男の出産の前後にわたって、Ｘに対する要求、
難詰、非難及び制裁又は報復を辛辣で苛烈な文言を使ってメール送信
し続けたこと、こうした状況は、Ｘが週末に自宅を訪れて家事の手伝
いをするようになった平成21年７月以降も続き、「離婚する前に」との
件名に続けて、「あなたが死にますように」、「呪いをかけてやる」と、
「洋服に関しては」という件名に続けて、Ｘの家事のやり方を辛辣に
詰るとともに苛烈な報復意図を告げ、「介護費」という件名に続けて、
「１円でも支払ったら、ボケ老人の首を絞めて即殺するからね」など、
Ｘの母に対する害意を告げ、「最初から離婚する気なんだけれど」、「男
を見る目がなかったのではなく、最初から後腐れない人を探していた
だけ」、「もうあなたには用がないから」と、「そもそも最初から離婚す
るつもりで結婚したのに」、「保育以外必要ないから、Ａくんのお誕生
日には来なくていいわ」と、「本音」という件名で、「本当は事故かな
んかで死んでくれれば離婚したわけでもなくあなたはいなくなるし、

遺産は入るし、それが今のＹの夢だわね」といった内容のメールを送り続け、Ｘが自宅で同居するようになった後の平成22年4月以降も同年10月までの間に、Ｘに家事についてはＹの要求に従うべきことを告げるとともにＸとの婚姻については、出産及び育児の手段にすぎず、Ｘの母に受容的に対応する意思は全くないこと等を辛辣に伝え続けたこと、Ｘは、こうした経緯の中で、Ｙとの記念撮影などの行動をともにしたのみならず、自宅における家族でのパン作り、家族での公園行楽等をＹと共にしていたものの、同年11月頃から、Ｙとの別居あるいは離婚を具体的に考えて別居の準備を始めていたところ、平成23年1月5日のＹとの口論によって離婚の意思を固め、その後、Ｙと共にディズニーランドへ出かけるなどしながら別居の準備を進めた上で、同年4月13日に自宅を出てＹと別居するに至ったこと、Ｘは、別居後、適応障害（不眠、食欲不振、集中困難）のため通院治療を受け、また、Ｙを相手方として離婚を目的とする調停を申し立て、Ｙにおいては、Ｘを相手方として夫婦同居調停を申し立て、調停手続が進められたものの、両者間の関係は修復されることなく現在に至っていること、Ｘとしては、Ｙとの関係を改善修復する意思を失っていることがそれぞれ認められるところ、これらの事実によれば、ＸとＹとの婚姻関係については、これを継続し難い重大な事由があるものと認めるのが相当である。

$$\boxed{\text{コメント}}$$

　妻は有名大学卒で夫より高給な共稼ぎ夫婦のケースです。妻は、婚姻届出の前から、夫の母親を害するような内容のメールを送り、以降も、夫の家事等を詰り、生命に危害を加えるようなメール、夫の母親に危害を加えるようなメール、当初から離婚するつもりであり、夫は出産、育児の手段であったなどのメールを苛烈な表現で伝え続けた事

案です。妻は完全に夫を見下し、夫やその家族の感情など全く考慮せず、タガが外れたかのような内容のメールを送り続け、このことから、妻には当初から夫と共同して婚姻生活を築こうとする気持ちがなかったのではないかとすらうかがわれます。それでも、夫は婚姻届を提出し、家族での公園行楽、パン作りなど一定の家族団らんのための努力をしましたが、結局、婚姻関係を継続する意思を失い、別居に至り、夫は適応障害で通院したというのですから、別居の理由は妻のモラハラであり、婚姻関係が妻の有責な行動によって破綻したと認められたのはやむを得ないでしょう。典型的なモラルハラスメント事案といえるでしょう。そして、本件では同居期間が約３年（ただし、夫の単身赴任期間が１年以上）、別居期間が約３年ですから、修復可能性がないとして、離婚請求が認められたものです。なお、裁判所は、妻に対し慰謝料100万円の支払も命じました。別居期間、別居に至る経緯、修復可能性のいずれの点からも、離婚が認められたのは当然ですが、専ら妻側のモラハラ的行為により、そもそも夫婦としての共同生活関係が構築できなかったのではないかと思われます。

　本件では、妻が学歴や収入の点で夫の上位に立っていた点、モラハラ的な発言はメールによっていることが特徴的です。メールは手紙などと比べ、推敲せず、特に親しい関係にある者の間では、余り考えないで作成、送信してしまう面があるので、妻のメールもそのような点があったかもしませんが、メールが一般的な通信手段となっている現在では、家族間であっても、相手方への配慮を欠き、夫婦喧嘩の域を超える非礼なものは、モラハラと評価されても仕方がないでしょう。

＜参考判例＞

〇夫の独善的かつ自己中心的な態度が妻に多大な精神的苦痛を与えたことにより、婚姻関係が破綻したと認められた事例（東京地判平24・1・19（平23（ワ）13984））

第1章　新しい離婚原因

【8】　包丁を持ち出し、「子どもを殺して私も死ぬ」などと
　　　　妻が発言したことから別居に至った夫の妻に対する離
　　　　婚請求が認められた事例

（名古屋家一宮支判令3・3・12（令元（家ホ）33））

$$\boxed{\text{事例の概要}}$$

○当事者等

　X：原告（夫）

　Y：被告（妻）

○事実経過

昭63. 11	婚姻。長女（平成4年出生）、二女（平成7年出生）がいる。
平4. 3	Xは、個人会社a社を設立していたが、有限会社化した。Yはその事業を手伝った。
平6. 3	Xは自宅購入。 Yは、Xが海外出張で頻繁に家を空け、会食等で帰宅が遅くなることがあったことから不満を持ち、自宅で飲酒しXと口論になり、その際、Xのワイシャツを破り引っ掻き傷を負わせたり、包丁を持ち出し、「子どもを殺して私も死ぬ」などと言ったりした。
平15. 10	Yは、Xの女性関係を疑い、探偵事務所に調査を依頼した。終業後、Xが女性と飲食店に出入りする姿が確認された。
平16	Xは自宅に居場所がないと感じ、a社名義で賃借したアパートに転居し、以降、別居している。 Xは平成30年までは、X名義のキャッシュカードをYに渡して使用させた。Xは子らとは連絡をとり、学費を負担した。

| 平27頃 | Xは、二女の成人を機にYとの離婚を決意した。 |
| 平31．2 | Xは離婚調停を申し立てたが、不成立となった。 |

○当事者の主張

〔Xの主張〕

　Yは、飲酒量が増え、Xの帰宅時には酩酊状態となっており、包丁を持ち出し、「殺してやる」「子供を殺して私も死ぬ」などと怒鳴った。

　また、Yは、Xに殴る蹴るなどの暴行を加えた。

　Xは、Yの上記の行動で自宅に居場所がないと感じて、平成16年に別居した。それ以降、Yとの交流は極めて乏しい。

　婚姻関係は破綻している。

〔Yの主張〕

　XとYは、Xの女性問題、高価な品の購入、貸付けなどを理由とする喧嘩口論となり、これが別居の理由である。

　Yは逆にXから暴力を受けたことがある。

　別居後もYはXに会っており、子育てについて何度かメールをした。破綻しているとしても、Xは有責配偶者である。すなわち、浪費、不貞行為、暴力、暴言があった。

裁判所の判断

　XとYは不仲となり別居が16年以上にわたっている。関係修復の動きもないから、婚姻関係は破綻している。破綻についてXが有責であるとは認められないから、離婚請求は理由がある。

（判断理由）

　Xは、Yと口論になることが多く、不仲となり、自宅を出て別居し、

その後の交流は極めて乏しく、婚姻の本旨に反する別居を16年以上にわたり継続した。Xの離婚の意思は固く、婚姻関係の修復は著しく困難であり、破綻している。

　Yは、Xは有責配偶者であると主張するが、Xが一方的に暴力を振るったことはなく、YもXのシャツを引っ張って破り、引っ掻き傷を負わせたことがあり、包丁やナイフを持ち出すという不穏当な行動をとっており、Xが専ら有責とはいえない。他にXの有責行為を認定することはできない。また、Xは子らの学費や婚姻費用等を負担しており、Xの離婚請求が信義則に反するとはいえない。

コメント

　本件は、16年以上にわたる別居期間があり、その理由は、夫が自宅に居場所がないと感じたことです。そして、それは、以前から、妻と喧嘩口論が多くあり、夫の暴力もあったが、妻が夫のワイシャツを引っ張って破り引っ掻き傷を負わせたり、包丁やナイフを持ち出して、「子どもを殺して私も死ぬ」などと言い、また、夫の女性関係を疑って探偵事務所に所在調査を依頼したりしたことがあったためです。そうすると、別居に至ったことについて夫の責任であるということはできません。その他、夫が有責配偶者であるとの妻の主張は否定されています。修復可能性も否定され、夫の離婚請求が認容されたものです。本件は、別居に至った理由として、妻からのモラルハラスメントとして、上記のような不穏当な行為が認定され、離婚が認められたケースといえるでしょう。

第1章　新しい離婚原因　　35

（嫉妬・束縛・常時監視）

【9】　夫の妻に対する暴力もあったが、妻が夫の仕事用背
　　　広をハサミで切る、無断でGPS機器を設置するなどの
　　　ことがあり、長年の不仲から、根深い相互不信状態に
　　　あり、婚姻関係が破綻していると認められた事例

（横浜家相模原支判平29・4・10（平27（家ホ）17・平27（家ホ）60））

事例の概要

○当事者等

　X：原告（夫　予備的反訴被告）

　Y：被告（妻　予備的反訴原告）

○事実経過

昭53. 3	婚姻。長女A及び長男Bがいるが、いずれも成人している。
	XとYは、婚姻当初から喧嘩を繰り返していた。YはXの仕事用背広をハサミで切ったことがある。
平19	Xは別居を考えて中古マンションを借り、離婚調停を申し立てたが、不成立となり、別居も断念した。
平19〜22	YはXの勤務先会社に電話し、生活費が足りず、給料をもう少し入れてほしいと訴えたり、Xが女と遊び回っているなどと述べ、Xは上司から注意された。YはXの行動を詳細に記録するようになった。
平21. 12	XとYは口論から諍いとなり、XがYの髪を引っ張るなどし、Yが警察に通報した。
平23. 4	Yは、探偵を雇ってXを調査し、Xがタイ人女性と

	不貞関係にあることを知り、Ｘはタイ人女性と不貞行為をしたことについて、Ｙとの間で、Ｙに対し、謝罪をし、慰謝料200万円を支払う、婚姻費用として月25万円を支払う等の合意をした（以下「本件合意」という。）。
平23. 8	Ｙは、ゴミ等の処分や整理整頓が十分でなく、台所には食品やゴミがあふれる状態であった。
平26. 8	Ｘが自宅から出て、別居となった。 Ｘは、同年10月からは婚姻費用の支払をしなくなったが、住宅ローンの支払はするようになった。 時期は定かでないが、ＹはＸの車にGPS機能付きの携帯電話を設置してＸの行動を監視した。
平26. 9	Ｘは勤務先会社を退職し、嘱託採用職員として採用された。Ｘは、退職金により住宅ローンの繰上げ返済をした。ＸはＹとの離婚を求めて夫婦関係調整調停を申し立てたが、平成27年1月不成立となった。
平26. 11	Ｙは、婚姻費用分担調停を申し立て、Ｘは、婚姻費用減額調停を申し立てた。これらは審判に移行し、平成28年、婚姻費用を月額10万円に減額する等の審判がされた。 Ｙは、ＸとＤが不貞関係にあるとして、慰謝料を請求し、また、Ｘに対し本件合意に基づく慰謝料の未払金の支払を求めて訴訟を提起し、平成27年9月、ＸとＤがＹに対し解決金100万円を支払うとの裁判上の和解が成立した。

○当事者の主張

〔Ｘの主張〕

　Ｙとの婚姻生活は、当初から性格、考え方の相違から喧嘩が絶えなかった。Ｙの以下の特異な性格や言動により、婚姻関係は破綻した。

Xとタイ人女性とは不貞関係にないし、不貞行為以前に婚姻関係は破綻していた。

1　Yは思いどおりにならないとヒステリー状態となり、物を壊して暴れたり、Xの仕事用背広をハサミで切り裂いた。Xを「てめぇ、おまえ」呼ばわりする。近所付き合いを全くせず、友人もいない。Xの親族や長男の配偶者親族との付き合いをしない。

2　掃除、食事の世話をほとんどしない。建物の中はゴミ屋敷状態である。風呂の湯を替えない。Xはクローン病であるが、Yは一切無関心である。

3　金銭に対して異常な執着がある。Xの勤務先会社に電話して苦情を言うなどした。

4　Xの行動を疑い、束縛し、探偵を雇うなどした。

〔Yの主張〕

Xとの間にささいな喧嘩はあったが、婚姻関係は破綻していない。夫婦仲が悪くなったのはXの度重なる不貞行為が原因である。また、Xは喧嘩の際に暴力をふるった。Xは有責配偶者である。

裁判所の判断

XとYは、長年の不仲から根深い相互不信の状態にあり、XはYとの婚姻関係を継続させる意思を完全に失っており、YもXとの関係が円満回復すると思っていないから、婚姻関係は完全に破綻している。Xに一時期不貞行為はあったが、Yにも相当でない言動があり、破綻に一端の責任がある。また、有責配偶者からの離婚請求としても、離婚請求が許容できない事情はない。

（判断理由）

1　XとYは、長年の間、喧嘩を繰り返し、Xは、平成19年に、Yとの離婚を考え、別居の準備をしたり、調停を申し立てたが、Yが離婚に同意しなかったこと、Xは、タイ人女性と不貞関係を持ったことがYに発覚し、Yとの間で、本件合意をしたが、今後の夫婦関係をどうするかについて、特段の話合いはなかったこと、その後も、XとYとの夫婦関係は改善せず、平成26年8月、Xが本件建物を出たところ、YはXが出ていくこと自体は止めることはなかったことが認められる。また、Yは、Xの不貞への疑いから、Xの車に無断でGPS機能付きの携帯電話を設置したり、Xのアパート等をビデオや写真で撮影したりして、同人の行動の監視を続け、また、Xの勤務先会社に連絡をしたり、Dの自宅付近で聞込みをしたりし、XがYのことを警察に通報するような事態に至った。

　これらを考慮すると、XとYは、長年の不仲から、根深い相互不信の状態にあり、Xは、Yとの婚姻関係を継続させる意思を完全に失っており、Yも、Xとの関係が円満回復するとは考えておらず、現時点において、夫婦としての共同生活の実体は失われ、もはや婚姻関係は完全に破綻し、回復は不可能であると認めるのが相当である。

2　Xのタイ人女性との不貞関係やDとの関係等からすれば、XとYとの夫婦関係が悪化したのは、Xに相当の責任があるものと認められる。

　しかし、他方で、Yも、Xとの婚姻生活の中で、ヒステリックな言動や、粗暴かつ突飛な行動に出ることがあったと認められ、また、Xの親族や、長男の配偶者の親族と付き合いをせず、本件建物において、掃除や調理等の家事を適切に行い、快適な環境を保つという努力が不十分であった。さらに、Yは、Xの車に無断でGPS機能付

第1章　新しい離婚原因　　39

きの携帯電話を設置するような不穏当な行動や、Ｘの職場に電話を
したり、直接赴いたりして要求を述べるなどの、職業人、社会人と
してのＸの立場に対する配慮に欠け、相当でない言動が認められ、
Ｙのこのような態度が、Ｘを追い詰めた面もあることは否定できな
いから、ＸとＹとの夫婦関係が悪化したのは、Ｘのみならず、Ｙに
も責任の一端がある。

　そして、ＸとＹの長男、長女は、既に成人している。また、Ｙは、
平成6年以来、就労をしておらず、その生活の糧は、専らＸからの
婚姻費用であり、これに経済的に依存した生活を続けてきたところ、
Ｘは、現在は無職になっており、Ｘの離婚請求を認めたとしても、
これを認めない場合と比較して、Ｙが経済的に著しく不利益な状態
に陥るという関係にはない。

　そうすると、本件について、有責配偶者からの離婚請求であると
捉えて検討したとしても、Ｘの求めている離婚請求は、社会正義に
照らして到底許容することができないとまではいえず、これを権利
の濫用とは認めることができない。

　したがって、Ｘの離婚請求は理由がある。

コメント

　本件は、婚姻当初から、夫婦が喧嘩を繰り返し、互いに粗暴な言動
をし、夫には不貞行為や不貞を疑われてもやむを得ないような行動が
あり、妻側にも夫の背広をハサミで切る、無断でGPS機器を設置する
など、非常識的な言動があり、根深い相互不信感に陥ったもので、完
全に婚姻関係が破綻したと認められました。婚姻関係の破綻について
は、一方に責任がある場合もありますが、双方の性格や考え方の相違
などが破綻原因であり、いずれにも決定的な離婚原因がない場合もあ

ります。しかし、本件では、むしろ、双方に問題行動があり、破綻について責任があるという事案です。そのため、夫に不貞行為や不貞を疑われてもやむを得ない行為があったのですが、明確に有責配偶者であるとはされなかったのであり、その意味で少し特異な事例といえるでしょう。そして、妻による、夫の背広を切る、無断でGPS機器を設置するなどの行為はモラハラ行為とみることができるでしょう。裁判所は、以上のことから、夫婦は相互不信に陥って婚姻関係が破綻し、修復不可能となったと判断しました。

　なお、裁判所は、仮にXが有責配偶者であるとしても、未成熟子はおらず、離婚によってYが特に経済的に過酷な状況に陥らないとして、離婚を認めるのが社会正義に反しないとしました。これは念のための説示と思われます。なお、別居期間は、判決日までで３年に足りませんので、相当の長期間とはいえないかもしれませんが、破綻を推測させるには足りるといえます。そして、その原因は、相互の信頼関係喪失であり、そのことに双方に責任があるところが特色です。

＜参考判例＞
〇お互いが喧嘩を繰り返す中、夫が暴力行為により妻を骨折させたことは、明らかに行き過ぎとして、婚姻関係の破綻が認められた事例（東京高判平24・8・29（平24（ネ）3197））

第1章　新しい離婚原因　　　41

【10】　妻に不貞の疑いをかけ、ボイスレコーダーやGPS機
　　器設置による監視をし、攻撃的追及・非難をしたこと
　　により婚姻関係が破綻したことを理由として離婚及び
　　妻の慰謝料請求が認容された事例

（大阪高判平28・7・21（平28（ネ）62））

（原審：神戸家裁（平26（家ホ）122・平26（家ホ）148）（年月日等不明））

事例の概要

○当事者等

　X：原告（夫　反訴被告、控訴人・被控訴人）

　Y：被告（妻　反訴原告、被控訴人・控訴人）

○事実経過（注：控訴審は原審の事実認定を引用しているが、原審の
　判決を参照することができなかったので、概要にとどまる。）

平25夏頃まで	ＸＹは平穏な婚姻生活であった。
その後	Ｘは合理的理由なくＹの不貞を疑うようになった。
平26．3．6頃	ＸがＹの鞄にボイスレコーダー及びGPSロガーを入れた。また、妊娠検査キットの使用を問い質し、下着の汚れを指摘した。これらのことから、Ｙは離婚の意思を固めた。
平26．3．15	ＸＹ双方の両親も集まり離婚の協議をすることが合意され、Ｘが家を出ることも合意された。
平26．3．24	Ｘは転居を取りやめたが、子らの監護権をめぐる争いが先鋭化した。
平26．5．30	Ｙが家を出て別居。

※備考　ＸがＹに対して、不貞及び子の連れ去りにより婚姻関係が破綻し
　　たと主張して離婚及び慰謝料等を請求し（本訴）、これに対しＹがＸ

に対し、監視、攻撃的追及、非難等による精神的虐待をしたことにより婚姻関係が破綻したとして離婚及び慰謝料等を請求した（反訴）。原審は、双方の離婚請求を認容して、慰謝料請求はいずれも棄却した。双方がそれぞれ控訴を提起した。

○当事者の主張
〔Ｘの主張〕

Ｙは不貞をし、約束に違反して子らを連れて別居した。

Ｙは、Ｘと子らの交流を不当に制限した。

Ｘの慰謝料額は1,000万円を下らない。

〔Ｙの主張〕

Ｙの不貞に対するＸの妄想は頑迷であり、これに基づく執拗な監視・詰問・ハラスメント攻撃は悪質である。Ｘは、別居時まで録音機を仕掛けてＹの言動を盗聴、記録する、Ｙのコートや鞄にGPSロガーやICレコーダーを仕掛ける、Ｙの嫌がるセクハラ、性交渉強要をした。

Ｙの慰謝料額は1,000万円を下らない。

> ## 裁判所の判断

婚姻関係破綻の主たる原因は、Ｘが合理的理由なくＹの不貞を疑い、Ｙの持ち物を漁るばかりでなく、機器でＹの行動を記録しようとし、下着まで調べていたという監視・探索の行為にあった。

（判断理由）

双方が離婚を請求しているから、婚姻関係は破綻している。破綻の主な原因は、Ｘが合理的な理由なく、Ｙの不貞を疑い、根拠なくＹを問い詰めたり、Ｙの持ち物を漁るばかりでなく、ボイスレコーダーや

GPSロガーでYの行動を記録しようとし、下着まで調べたという監視、探索の行為にあった。Xの慰謝料請求は理由がなく、Yの慰謝料請求は理由があり、200万円が相当である。

> ## コメント

　本件は、双方が離婚を請求していますから、婚姻関係が破綻していることは明らかです。双方が慰謝料を請求したことから、破綻についての責任が争われました。裁判所は、破綻の主な原因は、夫が根拠もないのに、妻の不貞を疑い、問い詰め、機器を用いて行動を記録し、下着を調べるという監視、探索の行為にあるとしました。これらは、根拠なき嫉妬に基づく典型的なモラハラ行為であり、婚姻を継続し難い重大な事由といえるでしょう。

44　　　　　第1章　新しい離婚原因

（自尊心を傷付ける行為）

【11】　高齢になり生活力を失ってきた夫に対し、妻が先妻
の位牌を取り除いて親戚に送り付け、夫の思い出の品
を焼却処分するなどの配慮を欠く行為により、婚姻関
係が破綻したとして離婚請求が認められた事例

（大阪高判平21・5・26家月62・4・85）

（原審：神戸家判平20・12・24家月62・4・96）

事例の概要

○当事者等

　X：原告（夫　控訴人）

　Y：被告（妻　被控訴人）

○事実経過

昭55	Xはバーの営業権を承継し、ママとして雇われたYと知り合う。当時Xは貿易会社を経営し、先妻がいたが、XはYと交際し、長女が出生した。Xには先妻との間に生まれた長男がいる。
昭64	先妻が死亡した。
平2	XとYが婚姻。
平9	Xが経営していた貿易会社が倒産した。
平11～	Xは会社の顧問として稼働し、生活費として平成19年でも月30万円を家計に入れていた（当初は50万円）。 Yは生活費が減ることに不満を募らせていた。
平15	Xは手術を受けた。退院後は、Xが自室で一人で食事をするようになり、YはXのために朝食や昼食の

	準備をしなくなった。また、YはXがリビングに入るのを嫌がるようになり、Xに家族団らんの機会がなくなった。
平18頃〜	長女が大学院に入学し、勉強等でYと共に昼夜逆転の生活となり、YはXをリビングに入らせず、Xは不満を募らせながら、一人で食事をとる生活を続けた。
平19頃	Yは、X関係の告別式や法要を欠席するなどXの親戚縁者を疎んずる傾向が高じていた。
平20	Yは仏壇のXの先妻の位牌を長男の妻の実家に送り付けた。 Xは、Xのアルバム十数冊（両親、親族、学友、戦友などの写真、長男の成長過程を撮影したアルバム等）がなくなっていることに気付いた。これらはYが平成19年に焼却していた。 XはYと口論となり、Xは自宅を飛び出し、弟宅に泊まり、その後、ワンルームマンションを借りて別居している。

○当事者の主張

〔Xの主張〕

Yは、宗教的に異常な行動をし、Xを家族の一員として処遇しない冷たい対応をしてきたが、平成20年から、以下の虐待ともいえる非人間的な行動をとった。①Yは、先妻の位牌を長男の妻の実家に送り付けた。②Yは、Xが大切にしていたXの人生の歩みを写したアルバム13冊を捨てたといった。また、過去帳を持ち出し、△寺に処分を依頼した。③同年3月Yは長女の大学院の卒業式に出かけ、午後9時半頃帰宅し、Xに「腹が減ったらカップラーメンでも何でも作らんかい」と言い、口論になった。XはYの身勝手な雑言に耐え兼ね、食事に行

くと言って自宅を出て弟宅に泊まった。

　Xは離婚を決意し、別居することとした。

〔Yの主張〕

　Xの主張は虚偽である。

　先妻の位牌は、長男が祀るのが供養になると考えたにすぎない。

　アルバムの件も、長男が２冊だけ持参すると聞き、その余をお寺で供養してもらった。過去帳も戒名が間違っていたり先祖の名が欠落していたから、Xの実家の寺まで出向いて控えをもらい作り直したにすぎない。

裁判所の判断

　Xが高齢になり生活力を失い、生活費を減じたのと時期を合わせるように始まったYの、Xの先妻の位牌を取り除いて親戚に送り付け、Xの思い出の品を焼却処分するなどの自制の薄れた行為は、Xの心情を深く傷つけるものである。Yの行為は婚姻関係を継続する基盤となるXのYに対する信頼関係を失わせたものであり、婚姻を継続し難い重大な事由がある。

（判断理由）

　XとYの結婚生活は大きな波風の立たないまま約18年間経過したのに、平成19年から始まったYの一連の言動が主な理由となって別居が始まったから、いまだ婚姻関係が修復できるとの見方もあり得る。

　しかし、満80歳に達し、病気がちとなり、かつての生活力を失い生活費を減じたのと時期を合わせるごとく始まったYのXを軽んじる行為、先妻の位牌を取り除いて親戚に送り付け、Xの青春時代からのか

第1章　新しい離婚原因　　　47

けがえのない想い出の品を焼却処分するなどの自制の薄れた行為は、余りに配慮を欠いた行為であり、Xの心情を深く傷つけるものであった。Yは、Xの受けた精神的打撃を理解する姿勢に欠け、婚姻関係を継続する基盤であるXのYに対する信頼関係を回復できない程度に失わせ、修復困難な程度にまで至っている。

　別居期間が1年余りであることを考慮しても、婚姻を継続し難い重大な事由がある。したがって、Xの離婚請求は理由がある。

$$\boxed{\text{コメント}}$$

　本件の原審は、夫の離婚請求を棄却しました。その理由は、妻の位牌の送付やアルバム処分は、妻の先妻に対する嫉妬心からであり、婚姻を継続し難い事由とはいえない、本件夫婦の関係は、年を重ねる夫婦、特に年齢差のある夫婦にとって特異な状況ではなく、妻が夫の状況に応じた対応をとり、これに対して夫が妻に感謝の念を持つことで夫婦関係の改善をみることは可能であるという理由です。

　確かに、婚姻生活が18年余りであり、別居が1年余りであったことからすれば、別居の理由によっては、まだ婚姻関係修復の余地があるとみることも可能かもしれません。原審は、本件のような事態は高齢化社会において、特に夫婦間で年齢差のある夫婦において起こり得る出来事であり、婚姻関係を継続し難いほどの重大な事由とはみなかったということでしょう。

　これに対し、控訴審は、事実関係を夫の生活・経済状況、心理状態と関係付けて時系列的に認定し、妻の対応が夫の生活力減退と付合して自制のないものとなっていったことを説得的に述べています。そして、妻の行動が夫の自尊心を傷付ける深刻な問題であり、妻に関係を修復する態度が見られないことから婚姻関係が破綻したとして、離婚

請求を認めたものです。控訴審の認定によれば、妻の行為は、夫婦の共同生活において許容される域を超えた、夫の人格を棄損するモラルハラスメント行為であるとしてよいと思われます。本件では、別居期間は1年余りと短期間ですが、別居理由が妻の行為によって自尊心を傷つけられ、妻に対する信頼関係を失ったことですから、婚姻関係の破綻を認めることに問題がなく、修復可能性がないとして、離婚が認容されたものです。原審と控訴審では、別居に至った事実関係についての捉え方の違いがあると思われますが、今後、ますます、高齢化社会となることが見込まれる我が国において、特に夫婦間の年齢差があるケースでは、類似の問題が生ずる可能性は否定できないでしょう。本件は参考となる事案だと思われます。

（メンタルヘルス不調）

【12】　双極性障害を患い、奇行を行う妻に対する夫の離婚請求が認められた事例

（名古屋高判令 2 ・10・ 2 （令元（ネ）567））

（原審：名古屋家判令元・ 6 ・25（平30（家ホ）205））

（事例の概要）

○当事者等

　X：原告（夫　控訴人）

　Y：被告（妻　被控訴人）

○事実経過

昭52. 12	婚姻。その後、一男一女をもうけた。子らは既に成人している。
平11頃	Yの双極性障害が悪化し、家事もせず外食に出かける等、日常生活に悪化を来すようになった。Yには病識がない。
平13. 7	XはYを精神科病院に医療保護入院させた。
平15頃～	Yは遺産の土地上に建築した居宅に居住し、別居状態となり、X及び子らとの交流も途絶えている。
平17. 2	YがXに対し、婚姻費用分担調停を申し立て、X Yの共有土地をYが駐車場として使用・収益・管理するとの調停が成立した。
平30. 7	Xが本訴を提起した。
平31. 1	Yは強度の腰痛。第 6 胸椎圧迫骨折との診断。

※備考　Yには、少なくとも月々、国民年金 6 万5,008円、亡父の遺産であるマンション賃料約20万円及び駐車場賃料 7 万円、合計約33万5,000円の収入がある。

原審は、Yの病状は重く、寛解の兆しはなく、離婚を認めること
は、Yを精神的に極めて過酷な状況に追いやるから信義則に反する
として、離婚請求を棄却した。

○当事者の主張
〔Xの主張〕

　Yはかねてから躁うつ病を患っており、これに起因する奇行が目立
ち、家事もせずに外食に出かけ、夜間は酒浸りで翌朝は起きてこない。
不貞行為もある。病識がなく、治療にまじめに取り組まず、精神科病
院に再入院させられることを嫌って自宅を出ていき、別居となり17年
以上も続いている。婚姻関係が破綻していることは明らかである。

〔Yの主張〕

　Yは、Xからの暴力、暴言、嫌がらせに耐えかねて、Xから半ば追
い出されるような形で自宅を出た。仮に婚姻関係が破綻しているとし
ても、Xは破綻原因を作り出した有責配偶者である。Xは多大な収入
があるのに、Yに駐車場収入しか与えず、長年にわたり放置してきた。
Xの離婚請求は信義則に反し許されない。

> ## 裁判所の判断

　別居期間が17年以上であり、婚姻関係が破綻していることは明ら
かである。破綻原因が専ら又は主としてXの行為にあるとは認めら
れず、Xは有責配偶者ではない。そして、子らは成人しており、Y
が離婚により経済的に困窮するとは認められず、XとYは交流がな
いことなどを考慮すれば、Xの離婚請求が信義則に違反するとは認
められない。

第1章　新しい離婚原因　　51

（判断理由）

　双極性障害（躁うつ病）にり患しているYの行動をめぐり、XY間の関係が悪化し、Yが家を出て別居し、17年以上経過し、その間、YとX及び子らとの関係も途絶しており、婚姻関係は破綻していることは明らかである。そして、Xは破綻についての有責配偶者とは認められないが、信義則上、離婚請求が認められないかが問題となる。Yは、環境変化により病状が動揺する可能性はあるが、現状では比較的落ち着いて生活できていることが認められ、離婚によりYの生活環境や経済状況が変化することは認められないから、寛解しないまでも、治療を続ければ比較的落ち着いて生活できることを前提に考えることとなる。駐車場収入の合意が信義則違反を基礎付ける事実と認めることはできない。Yに離婚意思がないのは、Xとの共同生活をする意思があるからではなく、子らとの関係が現在よりも疎遠になることを恐れてのことであると認められるが、それぞれ成人し社会人として生計を立てている子らとの関係が離婚により変化することは考えられないから、これも信義則違反を基礎付ける事実と認めることはできない。

　そのほか、本件の離婚原因の主たる要因である長期間の別居の発生原因については、専らXに責任があるものとまではいえないこと、子らは共に成人し、社会人として生計を立てていること、Yは自己所有の居宅に住んでおり、現在、少なくとも月々合計約33万5,000円の収入があり、Yが離婚により直ちに経済的に困窮するとは認められないこと、XとYとは現在交流はないことなどを総合考慮すると、Xによる離婚請求は、信義則に反するとは認められないから、認容する。

コメント

　本件では、双極性障害（躁うつ病）にり患している妻の家事をせず、

外食に出かける、飲酒にふけるなどの奇行をめぐって夫婦関係が悪化し、妻が別居するに至り、17年以上経過したという事案において、婚姻関係の破綻が認定され、夫が有責配偶者であることは否定されました。原審は、妻の立場を考慮して、夫の離婚請求は信義則違反として棄却しましたが、高裁は、反対に、信義則に反するとはいえないとして、離婚を認めました。

　妻に精神的な病による問題行動、例えば家事をしない、時間感覚が乱れている、その他異常行動があれば、夫は、不満を持つことはやむを得ないでしょうが、それだけで、破綻が認められることはありません。夫婦の同居、協力、扶助義務（民法752条）からも、夫としては、病気に対する理解を持って治療に協力し、辛抱強く対処することが望まれますが、それでも、解決しない場合、関係修復への意欲を失うことはやむを得ないともいえます。本件においても、裁判所は、夫が妻に対し、早く家を出ていくように促し、子供に躁うつ病が遺伝する、男にだらしない、食事は絶対に作るな、部屋に入るな、掃除もしてほしくない、などと妻を非難等する旨の文書を交付していたことが認められ、口頭でも同様の言葉を発していたことが推認されるとしながら、夫がそのような行動をとったのは、妻に精神疾患の病識がなく、病院に行くことを嫌っている状況で、双極性障害の症状のある妻への対応に苦慮していたことも影響していることが推認されるとして、夫の上記の態度だけでは、夫に破綻の責任があるとはいえないとしています。また、妻が治療に協力しない態度であれば、これ自体破綻を基礎付ける要素ともなります。離婚を求めるためには、病状、治療への協力、相手方の態度等を具体的な根拠に基づいて主張する必要があります。本件では、妻が治療に協力的とはいえず、自ら家を出て別居し、その期間も長期にわたり、その間、夫と子らとの関わりも途絶していたというのですから、破綻が認められたのは当然といえます。その上で、

夫からの離婚請求が信義則に違反するかどうかが問題となりました
が、これについては原審と当審において判断が分かれました。原審は
妻の精神的打撃を考慮して、離婚請求を認めませんでしたが、当審は、
子らとの関係、経済的な問題、破綻の責任が夫にあるとはいえないこ
となどの事情を個別に判断した上、総合的に考慮して、離婚請求を認
容したものです。この点は、裁判所によって判断が分かれたところで
すが、離婚を求める当事者としては、どのような事柄を主張・立証す
るのがよいか参考となります。従来は、精神的な病による問題行動が
ある場合は、そのことによって破綻が認定できるかどうか、破綻が認
められても、離婚を請求する配偶者が破綻について有責かが問題とさ
れることが多かったようです。しかし、有責配偶者であることが否定
されても、精神疾患の場合は、病から発生する問題について、当事者
に責任があるとまでいえないことが多いと思われますので、さらに、
信義則の観点から、離婚請求が認容できるかどうかが問題とされてき
ます。その場合には、有責配偶者からの離婚請求に関する最高裁大法
廷昭和62年9月2日判決（民集41・6・1423）の判旨が参考とされます。
本件においては、破綻に至った責任、別居期間、子らの状況、妻の経
済的な面などの事情を総合考慮して判断されたものであり、今後、こ
のような事案が起きた場合に参考となると思われます。

＜参考判例＞
○妻の言動はうつ病の影響を受けたものである可能性があり、婚姻関係は
破綻に瀕しているが、うつ病が治癒し、又は夫の理解が深まれば、改善す
ることも期待でき、現時点では破綻していないとされた事例（名古屋高判
平20・4・8家月61・2・240）
○双極性障害にり患している妻に対する離婚請求が信義則に違反するとし
て棄却された事例（名古屋家判令元・6・25（平30（家ホ）205）、当審の原審）

（認知症）

【13】　長年別居している高齢の夫から認知症になった高齢の妻に対する離婚請求が、夫婦としての実際的な協力義務を果たせる状況にはないが、婚姻関係が破綻に瀕しているとはいえないとして棄却された事例

（大阪高判平17・10・27（平15（ネ）1851））

（原審：大阪地判（平14（タ）296）（年月日不明））

事例の概要

○当事者等

X：原告（夫　被控訴人）

Y：被告（妻Y1の後見人（X・Y1の長女）　控訴人）

○事実経過

昭17．12	XはY1と結婚し、昭和18年5月婚姻届出。昭和23年長女Yが出生した。
昭23．3	Xは印刷業をはじめ、半世紀にわたり、印刷事業を展開してきた。その中核としてabcの3社がある。
昭37、38頃	Xは14歳年少のAと性的関係を持つようになり、これを継続した。
昭49．6	YはCと婚姻し、その間に長男Dが出生した。
平6頃	Xは生活の本拠を岡山県下に移したが、月に2、3回自宅に戻っていた。
平10頃	この頃からは、XはY1と夫婦で外出することがなくなった（裁判所は、この頃からの別居を認定している。）。

第1章　新しい離婚原因　　55

平11. 6	XとY1はDとの間で養子縁組の届出をした。
平12頃	Y1に妄想、せん妄などの認知障害の症状が出始めた。
平13. 2	XはYにY1と離婚したいと申し入れたが、Yは拒絶した。
平13. 12	Xは、Y1に対する離婚訴訟提起の準備として、Y1について成年後見開始の申立てをした。
平14. 4	XとAは、老人ホームに入所し、同居している。
平14. 6	Y1に対し成年後見開始審判がされYが成年後見人に就任した。

※備考　Y1は商業登記簿上、平成5年、8年、9年まで会社役員となっており、X平成5年末、各社の取締役の地位を退いた。その後、Yが代表取締役に就任している。

○当事者の主張

〔Xの主張〕

1　民法770条1項4号に関し

Y1は、平成9年頃から、認知障害により事理弁識能力を欠く常況にあって回復の見込みがないから、強度かつ不治の精神病に罹患しているというべきであり、民法770条1項4号所定の離婚事由がある。

Xは、昭和54年頃、Y1に対し、Xが当時所有していた株式、現金合計約1億8,000万円のうち約6,000万円を渡している。Y1は、多額の資産を有し、Yにより療養看護されており、経済的にも看護面においても不自由のない生活をしている。

2　民法770条1項5号に関し

XとY1は性格が合わず、昭和47年頃、遅くとも昭和54年頃から別居している。Xは、昭和47年から別荘「山の家」、Aのマンション、自宅に3分の1ずつの割合で生活し、昭和54年からは、津山市の居

宅に居住し、自宅立ち寄りは週1回くらいになり、その後は減少し、平成4年に新居宅を建築してからは毎月20日と月末に帰るだけであった。

昭和54年頃にXが離婚の話をした際、Y1はXがAと生活することは文句を述べないが、籍だけは抜いてもらったら困ると述べ、Xは、株式、預金合計1億8,000万円のうち約6,000万円を渡したのであり、婚姻関係は完全に破綻している。

XとY1間には未成熟子はおらず、Y1はY夫婦及びDと同居して看護を受けている。Y1は取締役報酬や退職慰労金を支給され、1億5,000万円程度の資産を有している。

したがって、Xは有責配偶者であっても、離婚請求が信義則に違反しない特段の事情がある。

〔Yの主張〕

1　民法770条1項4号について

（1）　認知障害は、老いて死に至る通常の生理過程にすぎず、民法770条1項4号の精神病に該当しない。

（2）　夫婦の一方が血管性若しくはアルツハイマー型の認知障害に罹った場合、他方の配偶者の同居協力義務が強化されこそすれ、離婚を求めることは公序良俗に反し、許されない。

2　民法770条1項5号について

Xは、昭和60年頃から、月の半ばを岡山県で生活するようになったが、自宅が生活の本拠でなくなったわけではない。

Xが最初に離婚を申し出たのは、平成13年初め頃であって、それまでは、積極的に、夫婦関係を維持させる態度を示していた。

Xは有責配偶者であって、本件離婚請求は許されない。

第1章　新しい離婚原因　　57

裁判所の判断

　Ｙ１の症状は、精神病と同視できるものであって、民法770条１項４号の事由がある。しかし、同条２項の離婚阻却事由がある。

　Ｙ１は昭和38年頃からは健康を取り戻し、家業ともいうべき会社経営にも家庭の維持にも大きな寄与をしてきたのであり、ＸもＹ１に配慮を示してきた。Ｘの離婚請求はＡに対する思いから出たことであるが、Ａは、ＸとＹ１の離婚をさほど強く主張していないのであり、Ｘが事理弁識能力を喪失したＹ１と離婚する理由は乏しい。婚姻関係が破綻に瀕しているとはいえない。

（判断理由）

1　民法770条１項４号

　Ｙ１の症状は、精神病と同視でき、回復不能であるから同号該当事由がある。しかし、ＸがＹ１の世話のために過度の負担を余儀なくされたことはなく、Ｘ自身が老人ホームに入所して介護を受ける立場であるから、Ｙ１の精神状態のみを理由として離婚を認める理由はなく、同条２項により離婚請求を棄却する。

2　民法770条１項５号

　Ｙ１は昭和18年から同37年頃まで病気がちであった。この時期にＸがＡと関係を有したことは理解できるとの見方もあるかもしれない。しかし、Ｙ１の入院はＹ１の責任ではない。Ｙ１は昭和38年頃以降は健康を回復し、家業というべきグループ会社の経営にも家庭の維持にも大きな寄与をしてきたのであり、ＸもＹ１を中核的な会社の代表取締役に就任させたり、認知障害の症状が出始めた後も正妻として配慮を示していた。ＸとＹ１の夫婦仲は、従業員やＹの目

からみても格別不自然なところはなく、むしろ仲が良かったという
のであり、仮面夫婦を続けていたとは考え難い。Xは、Aへの配慮
から離婚を決意したというが、Aは「病人になっておられるのに、
今さら気の毒だ」「Y1が可哀そうだ、私が耐えれば済むことです。
…全ては終わりました。」と言っている。そして、Aは預金だけでも
2億円にのぼる資産を有しており、経済的には何ら問題がない。

　このような事情を総合すれば、XとY1がもはや夫婦としての実
際的な協力義務を果たせる状況にはないが、婚姻関係が破綻に瀕し
ているとはいえないから、婚姻を継続し難い重大な事由があるとは
いえない。

$$\boxed{\text{コメント}}$$

　本件は、長年連れ添った高齢者同士の離婚事件です。戦後の厳しい
時代の中で、入院を続ける妻を抱えて、家族を養育し、事業の発展を
遂げたという点で称賛されるべき夫ですが、妻が病弱であったことか
らの不満からか女性関係が生じました。ただ、妻に対しても、配慮を
しており、妻も事業に協力し、家庭生活の維持にも努め、外面的には
平穏な婚姻関係であったようですが、妻が認知症を発症し、人生の終
盤を迎える時期になってから、夫が交際女性にすまないとして離婚を
請求した事案です。裁判所は、従前の家庭生活などの諸事情を総合的
に見て、いまだ婚姻関係は破綻していないと判断しました。しかし、
現時点では、夫と妻が婚姻共同生活を送ることが期待できるわけでは
なく、夫は、平成10年頃から別居して、現時点で他の女性と老人ホー
ムに入居して同居しています。また、離婚によって妻が経済的に苦境
に陥るような状況ではないので、その意味では、破綻を認め、離婚請
求を認容することもあり得る事案かとも思われます。原審（大阪地判

第1章　新しい離婚原因　　59

（平14（タ）296）（年月日不明））は、離婚を認めました。判断が分かれた
事案ですが、高齢の夫婦と認知能力の低下という現象を破綻の認定に
際して、どのように考慮するかの材料を提供する事案だといえるでし
ょう。

＜参考判例＞

○妻が植物状態に陥り、夫が将来の治療費を支払うことから離婚請求が認
　容された事例（横浜地横須賀支判平5・12・21家月47・1・140）

第1章　新しい離婚原因

（精神的・心理的不適合（性格・価値観相違））

【14】　夫婦は、考え方の相違や性格の不一致から互いに不満や苛立ちを募らせ、別居時点で互いに強固な離婚意思を有し、婚姻関係が破綻していたとされ、妻の離婚請求が認容された事例

（東京家判令4・7・7判時2541・37）

事例の概要

○当事者等

X：原告（妻）

Y：被告（夫）

○事実経過

平21. 4	婚姻（Yはa国の国籍）。
平24. 4頃～	XとYは口論を繰り返すようになった。双方が離婚届に署名した後で提出を思いとどまったこともあった。
平27	長男出生。
平29	長女出生。
平30. 6	Yのシャワー使用後の水滴をめぐって口論となった。 その後、XY一家はa国に旅行したが、夫婦関係は改善しなかった。
平30. 8	Xが子らを連れて家を出た。
平30	Xが離婚調停申立て。
平31. 3	調停不成立。

〇当事者の主張

〔Xの主張〕

Yが自宅から出ることを拒否したため、Xが家を出たのである。また、YがXにパスポートの写しを提出するよう求めたので、Xは、子らがa国に連れ去られるとの危機感から家を出るほかなかった。

〔Yの主張〕

Xは、家庭内暴力（DV）がないのに、自宅を出ていき、メディアのインタビューを通じてDVの証拠を捏造しようとした可能性が高く、子らを劣悪な居住環境に置いたものであり、有責配偶者である。

裁判所の判断

XとYは、婚姻当初から口論を繰り返し、不満や苛立ちを募らせていたが、関係が改善せず、Xは子らを連れて家を出る形で別居したのであり、XとYは考え方の相違や性格の不一致から婚姻関係が破綻した。

（判断理由）

Xは、YがYの両親のことばかり慮り、Xに強く当たる、長男に対する躾が厳しすぎると感じたり、Yに精神的に責められたと感じたりしたことから、徐々にYに対する不満や苛立ちを募らせた。Yは、XからYとの性交渉によって長女を妊娠したと言われたことに疑問を持ったり、高収入を得ているのに、応分以上の家事の分担を求められたと感じたりして、Xに対する不満や苛立ちを募らせていたが、Yがシャワーを浴びた後、シャワー室壁面に水滴が残っていたことをめぐって口論となり、その後も関係が改善せず、Xが子らを連れて家を出た。XとYは考え方の相違や性格の不一致から互いに不満や苛立ちを募らせ、婚姻関係が破綻した。Yは、XがYからXに対するDVがあった

との証拠を捏造しようとした可能性が高いなどXは有責配偶者であると主張するが、採用できない。また、Xは、YがXに暴力を振るったなどとして慰謝料を請求するが、採用できない。また、Xは、Yが○○主催のパネルディスカッションに実名で参加し、Xが子らを拉致したなどと述べたり、a国においてXを誘拐犯として告訴したりし、国内外のメディアからXが犯罪者であるかのような誤った個人情報を開示されたことが離婚慰謝料の発生事由であると主張するが、XとYの婚姻関係は別居時点で破綻していたから、別居後のYの行動は離婚慰謝料の発生事由とならない。

コメント

　本件においては、同居中、典型的な有責行為である不貞行為、暴力、あるいは嫌がらせなどの具体的で顕著なモラハラは認定されませんでしたが、双方が相手方の言動や考え方に不満を抱き、苛立ちを募らせ、シャワー室の水滴をめぐって口論し、その後も関係が改善せず、妻が子らを連れて家を出て別居したというものです。妻と夫のどちらかに明確な破綻を惹起する有責行為があったわけでなく、考え方や性格の不一致が原因で婚姻を継続し難い重大な事由があるとして、別居時点において婚姻の破綻が認められた事案です。

　本件では、別居後、夫がパネルディスカッションに実名で登場し、子らを拉致したとして妻を非難したりするなどメディアを利用して自己の主張を述べ、妻もメディアの取材に応じるなど、劇場型ともいえる行動を取っていることも特徴的と思われます。また、夫は、a国において、妻を告訴し、同国の裁判所又は判事が妻に対する逮捕状を発布していることも認定されていますが、夫のこれらの行動は、離婚慰謝料の発生事由とはならないとされました。これらのことも、国際結婚に伴う現象の一つともいえるでしょう。

第1章　新しい離婚原因　　63

【15】　　妻から夫に対するキャリアアップの意識がない、家
　　　　事を妻に頼る、妻の収入を頼りに生活しているなどを
　　　　理由とする離婚請求が、夫婦には経済的協力関係や仕
　　　　事と私生活のバランスの取り方等について考え方の相
　　　　違はあるが、調整不可能な程度ではないとして、離婚
　　　　請求が棄却された事例

（札幌家判令2・2・26（令元（家ホ）113））

事例の概要

○当事者等

　X：原告（妻）

　Y：被告（夫）

○事実経過

平13春頃	同棲開始（XとYは専門学校当時から知り合い）。
平19.12	婚姻。Xは准看護師、Yは営業職の会社員。当時からXの収入の方が多い。Yの収入はXの収入の3分の2程度。
平27.3	Xはより多くの収入を得るため、通信教育を受け、看護師免許取得。 4月には主任に昇格した。 Yは給与をXに預け月額3万円の小遣い等を受け取っていた。Xは、Yに休日、アルバイトに出て少しでも稼いでほしいと考えていた。一方、Yは営業職として成果を挙げていた。
平28.6	XはYと寝室を別にしてリビングで寝るようになった。

平28. 8	Xは看護師長に昇格した。
	そのころ、Xは腰痛対策に良いと勧められた10万円
	のマットを購入したが、Yに反対されクーリングオ
	フした。XはYの対応に強い不満を抱いた。
平28夏頃	Xは仕事を辞めることになった母親に対する経済的
	援助をYに相談したが、Yは生活保護を受ければよ
	い旨応答した。なお、平成24年頃、Yの両親の借金
	返済のため、XとYの預金から50万円程度を援助し
	たことがあった。
平29. 2又は3頃	XとYは自家用車を買い替えたが、Yが転職に絡ん
	で更に1台購入する必要があると言い出したことか
	ら、Xは不満を募らせた。
平29. 4頃	XはYと夕食を共にする必要のないように帰宅時間
	を遅くした。Yは、4月に転職したが、1年で辞め、
	その後、令和元年10月から重機運転手として従来よ
	り高収入で稼働している。
平29. 6. 2	XはYに対する不満を手紙に書いてYの面前で読み
	上げ、離婚届に署名押印することを求めた。Xは同
	日、家を出て別居した。
平29. 10	Xは離婚調停を申し立てた。
平30. 3	調停不成立。

○当事者の主張

〔Xの主張〕

　Xは、スキルアップ、キャリアアップに努力を惜しまず、看護師免許を取得し、その後、主任、看護師長と昇格した。他方、Yは、Xより収入が低いにもかかわらず、キャリアアップの意識がなく、家事もXに頼り、漫然と日々を過ごして趣味や娯楽に浪費し、Xの収入を頼りに生活している。

　平成24年頃にYの両親の借金についてXとYの預金から援助した

が、Yは感謝の一言もなかった。他方、平成28年にXの母が仕事を辞め、Xが母への援助をYに相談したところ、Yは「生活保護を受ければいいんじゃない」と述べた。Xは、Yの実親と義親に対する差別的な考えに憤りを覚えた。

平成28年6月頃より、XはYと寝室を別にし、夫婦間の性交渉も平成27年10月以降ない。

Xは、平成28年8月、看護師長に昇格したが、腰痛に悩み、同僚に勧められたマットレスを購入した。しかし、Yはこれに反対し、Xにマットレスの購入をクーリングオフさせた。Xは、夫婦としての気遣いや配慮のないYの言動に強い憤りを覚えて大きな不満を持ち、それ以降、夫婦の会話はなくなった。

XとYは平成29年2月か3月頃、車を買い替えたが、そのすぐ後に、YはXに相談せずに勤務先を退職し、その関係で、車を購入したいと述べた。Xは、Yの金銭感覚に不信感を持った。

Xは平成29年4月頃よりYと食事を共にするのが嫌になり、あえて帰宅時間を遅くした。XはYの全てが嫌になり、平成29年6月2日、Yに離婚届に署名押印するよう求めて自宅を出た。YはXの勤務先の駐車場でXを待ち伏せしたり、一方的な行動を取って復縁を求めるなどしたため、XはYに強い恐怖を感じるとともに、Yに対する基本的な信頼を喪失した。

XはYと婚姻生活を再開する気持ちは全くなく、別居期間も本件提訴時点で2年を経過しており、本件においては「婚姻を継続し難い重大な事由」がある。

〔Yの主張〕

XとYは、別居までの約9年半（同棲開始から起算すると約16年）の間、海外旅行等に出かけるなどもしながら円満な婚姻関係を営んできた。平成28年8月以降も、XとYとの間では、従前より減少したも

のの日常的な会話は行われ、平成29年4月頃からはXの帰宅が遅くなり、Yが問い合わせるとXが怒ることはあったが、婚姻関係に影響を与えるような出来事は生じず、別居直前の平成29年5月頃まで食事も一緒に取っていた。夫婦間の性交渉は少なくとも平成28年10月まではあった。

Xが主張する収入格差は、離婚事由にはならない。また、Yは、勤務先支店の売上げの半分をYの営業により獲得するなど仕事を精力的にこなしていた。また、Yは、給与をXに預け、月額3万円の小遣いから昼食代、雑誌購入費等を支出していたもので、浪費はなく、Xの収入を頼りに生活していたものでもない。Yは、風呂、洗面所の掃除、皿洗いなど一定の家事も分担していた。

また、Yは、Xの母について生活保護を受ければよいとの発言は、咄嗟にしてしまった発言であり、Yの親と差を設ける認識はなかったが、深く反省している。

X購入に係るマットレスは、夫婦が使用していたベッド用のものではなく用途に合わなかったことや、金額が高額であることから、Yはこれをクーリングオフし、代わりにベッド用のマットレスを購入するよう求めたものである。

転職のことは事前にXに相談していた。また、自動車の購入についても、Yは購入の必要性をXに説明した上、Xの同意を求め、Xと共に店舗へ行って購入した。

Yは、Xから突如一方的に離婚を求められたため、十分に話合いや関係改善のための時間を取れないまま別居に至ったが、Xが主張する事実はいずれもささいなもので、互いの努力で克服することが可能である。Yは、現在も婚姻関係の継続、関係修復を強く望んでおり、婚姻関係は破綻していないから、「婚姻を継続し難い重大な事由」はない。

第1章　新しい離婚原因　　　67

裁判所の判断

　Ｙの言動は、客観的に婚姻関係の継続を困難にするようなもので
はない。考え方の相違はあるが、調整可能である。現時点において、
婚姻関係が破綻しているとは認められない。

（判断理由）

　Ｘは上昇志向が強く看護師長にまでなったのに、Ｙがキャリアアッ
プの努力をせず、趣味や娯楽に興じて時間と金銭を浪費している、Ｘ
の収入に頼っているなどと感じてＹに対する不満を募らせていたこと
を背景として、Ｘの母の経済的窮地の際のＹの発言やマットレスのクー
リングオフのことなどから、夫婦間の会話も減っていたところ、Ｙ
の転職という事情などから２台の車を購入することとなったことにＸ
はＹの計画性のなさの現れであるとして不満を募らせた。その後、突
然、離婚を申し出て、別居に至ったものである。ＸはＹに激しい嫌悪
感を示しており、破綻の危機にある。しかし、Ｙの言動はいずれも客
観的に婚姻関係の継続を困難にさせるような事情とはいえず、ＸとＹ
間には経済的協力関係や仕事と私生活のバランスの取り方等について
考え方の相違はあるが、調整不可能な程度ではない。意思疎通が不十
分で、互いの考え方等を認識、理解し調整を図る試みがされないまま
別居に至っていること、別居期間は２年７か月でそれほど長期間では
ないこと、Ｙは、収入の高い勤務先に転職するなど関係修復に向けた
行動を取り、真に婚姻継続の意思を有していることなどから、現時点
で婚姻関係が客観的に破綻しているとはいえない。

コメント

　現代では、夫婦が共に稼働することは特別のことではありません。その中で、妻の収入が多い場合もあるでしょう。本件においては、妻の上昇志向が強く、看護師長にまでなり、収入も夫より多く、夫に対して、キャリアアップの努力をしないとの不満が背景にあり、妻の母に対する夫の言動、マットレス購入、夫の転職に伴う2台の車の購入などの事柄を通じて、妻の夫に対する嫌悪感が高じて、夫との交流を避けるようになり、別居に至ったものです。夫にとっては妻の行動は晴天の霹靂だったかもしれません。確かに、判決のいうように、紛争自体としては、婚姻関係を破綻させるほどの重要な事柄ではないといえるかもしれません。そして、別居期間は2年7か月である一方、同棲期間を含めれば同居期間が16年余りであること、従来、互いの考え方を認識、理解し調整する試みが十分でなかったところ、夫がそれなりに関係改善の行動を取り、真摯に関係の改善を願っているというのですから、破綻を否定した判決の結論は理解できるところでしょう。一方、判旨も認めるように、妻は一貫して強く離婚を求め、自ら家を出て別居し、夫に対して激しい嫌悪感を示しているというのですから、現実に婚姻関係を修復することは難しいのではないかと思います。夫婦が共に働く家庭において、収入の格差があり、他方の仕事への取組姿勢を批判的にみるようになった夫婦では、次第に、家庭内の役割分担や親族との関係、経済的な問題など様々な事柄において不満が高じてゆき、破綻に瀕する事態となることが予想され、本件はそのようなケースの一事例といえるでしょう。本件は、明確な破綻原因があり、一方がこれに対して責任を負うといった典型的な離婚事案とは異なるといえます。夫婦間では、同居・協力扶助義務があり（民法752条）、互いの考え方を十分に理解、認識し、調整する努力が必要とされますの

で、破綻を主張して離婚を求める側としては、裁判所の理解を得るためには、互いの考え方や感じ方を調整する努力をしたが、相手方の無理解等により、調整することができず、共同生活を送ることが不可能となったことを別居の経緯、期間と併せて具体的な根拠に基づいて主張することが求められるといえます。本件では夫に有責性が認め難い事案ですから、別居期間が破綻を認定する重要な判断要素となるところ、離婚が認められる相当な別居期間としては、現在の家裁実務ではおおむね3年以上とされているようですが（武藤裕一＝野口英一郎『離婚事件における家庭裁判所の判断基準と弁護士の留意点』179・180頁（新日本法規出版、2022））、本件では、2年7か月です。本件は、双方に破綻についての有責行為があるとはいえませんが、仕事や家事分担等をめぐる考え方の相違等から心理的要因により別居に至った夫婦について、離婚を認めるための別居期間を含めた要件をどのように考えるかを考察する一事例を提供しているといえるでしょう。

＜参考判例＞

○夫婦のいずれにも決定的な離婚原因はなかったが、6年余りにわたる別居と妻の強い離婚意思に基づき婚姻関係が破綻していると認められた事例（横浜地判昭59・7・30判タ541・230）

第1章　新しい離婚原因

【16】　ピアニストの妻から会社を退職して税理士試験の勉強をしている夫に対する精神的不一致等を理由とする離婚請求が、いまだ婚姻関係を破綻させるものではないとして、棄却された事例

（東京地判平16・2・9（平15（タ）238））

事例の概要

○当事者等

X：原告（妻）

Y：被告（夫）

○事実経過

昭49. 1	婚姻。YはXの両親と養子縁組をした。長女A、次女Bは成人している（口頭弁論終結時）。 Xは幼少時から音楽教育を受け、ピアニスト等の音楽活動を継続している。
昭60. 10〜平2. 3	Yは、会社で研究職として勤務していたが、大津市に単身赴任。
平7. 7	Yは、定年前の53歳の時、退職し、税理士試験の勉強を続けているが、現在まで必要科目を1科目も取得できていない。Yは退職金3,200万円や失業手当をXに交付した。
平7. 7頃	XはYと寝室を別にするようになり、また、Xと子供らはYと夕食を別にするようになった。
平9頃	Yは、Xの求めで、会計事務所にアルバイト勤務するようになった。
平14. 2	XはYに離婚の申出をしたが、Yが拒否したため、調停を申し立てたが、不成立となった。

| 平14. 8 | ＹはＸの求めに応じて、Ｙが家を出て別居となった。 |

○当事者の主張

〔Ｘの主張〕

1　Ｘは、Ｙの感覚やＸの仕事に対する無理解に対して違和感を持った。また、Ｙの子供らに対する態度に精神的不一致を感じた。子供らも、Ｙを嫌うようになり、一家で外出することもなくなった。

2　Ｙは、Ｘの話に耳を貸さず、子らに多額の教育費がかかる時期に突然退職してしまった。退職後のＹの受験勉強も真剣みに欠け、1科目も合格していない。家族の生活について、夫として父親としての責任を全く自覚せず、改善しない。

　Ｙの退職後は、家庭内別居となった。Ｘは、Ｙの家族への思いやりのなさ、精神的幼稚性、社会性、協調性のなさを見せつけられ、耐え難いストレスとなった。

〔Ｙの主張〕

　会社の退職も、税理士試験の受験もＸと相談して決めたことである。親子間の断絶の事実はない。退職金や失業手当は全額Ｘに交付している。

　退職後は、自分なりに受験のために必死で努力した。Ｘが一方的にＹを避けるようになったが、Ｙは、関係を壊さないように努力してきた。

裁判所の判断

　ＸのＹに対する精神的不一致等の理由は、直ちに婚姻関係の破綻事由に当たらない。Ｙの退職は、Ｘの十分な理解を得ずに行われた

ものであり、婚姻関係に悪影響を与えたが、退職金や失業手当を全てXに交付しているから、婚姻関係を破綻させたとはいえない。

　XがYの意に反してYを拒絶しているだけであり、家庭内別居とは評価できない。Yには婚姻関係を破綻させるような行為はなく、婚姻関係が破綻しているとはいえない。

（判断理由）

1　Xの家庭生活上の不満は、夫婦の日常生活において一般に生じ得ることがらであり、互いの理解と信頼の下で質すべきは質し、許すべきは許し、不満及び誤解を解消すべきものである。直ちに婚姻関係の破綻事由に当たらない。

2　Yは、定年まで約1年6か月残して税理士になるためとして退職したが、最終的にXの了解を得ないままであった。当時、長女が私立大学2年生、次女が音楽大学1年生であり、Xが勧めた再就職のあっせんにも応じなかったのであり、婚姻生活維持及び継続に当たり、少なからぬ悪影響を与えた。しかし、Yは退職金や失業手当を全てXに交付しており、家計や家族のことを配慮していたから、退職が婚姻関係を破綻させたとはいえない。

3　Yの退職後の受験勉強に真剣みがないとはいえない。また、会計事務所でアルバイトを始め、月額10万円から15万円を家計に入れていたから破綻事由とならない。

4　Xは、退職後、夫婦生活が途絶え、寝室も別になり、Xと子らはYと夕食を一緒に取らなくなった、会話も必要最小限となり、家庭内別居状態であったと主張する。しかし、XがYの意に反してYを拒絶しているだけであり片面的であり家庭内別居と評価できない。

5　Xは、Yに対し、性格の不一致等を指摘して、離婚の申出をしたが、Yは真剣に受け止めず、Xと十分に話し合うことがなかったと

第1章　新しい離婚原因　　73

主張する。しかし、Yにおいて、問題解決を図らなかったことは責められる余地があるとしても、Xについても同様にいえるのであり、婚姻関係を破綻させたとはいえない。

6　以上によれば、Yに婚姻生活中に配慮を欠く行為があった面は否定できないが、婚姻関係を破綻させるような行為があったとはいえず、Yは一貫して婚姻生活の修復及び同居を求めているから、いまだ、婚姻関係が破綻しているとはいえず、婚姻を継続しがたい重大な事由があるとはいえない。

$$\boxed{コメント}$$

　本件は、夫が妻の了解を得ずに退職した点については、妻や家族に対する配慮を欠く行為はあったが、いまだ、婚姻関係を破綻させるに足りるほどの行為はなかったと判断されたものです。認定事実に基づき、婚姻関係を破綻させるに足りるような有責な行為があったかという見地から客観的に評価すれば、確かにそのようにいえるのではないかと考えられます。他方、妻であるXの心理的な側面からみれば、夫であるYに対する精神的な不適合感が募り、一方的ではあるにせよ、寝室を別にし、夕食も一緒にせず、別居させ、離婚調停及び裁判を提起したというのであり、事態の客観的な推移とXの精神的、心理的な面では、婚姻関係を修復することはかなり困難であるといえそうです。Yが家を出た時からはいまだ、2年を経過していませんが、それまでに家庭内で隔離した生活を数年間送っているのであり、この点をどのように考えるかで、異なる結論もあり得るのではないかと思われます。本件は、ピアニストとして音楽活動を継続している妻と、研究職会社員であったが早期退職して税理士試験受験を目指したものの、1科目も合格しない夫というやや特異な夫婦関係を背景として、不貞、暴行

などの典型的な婚姻関係破綻行為と異なる心理的なすれ違いの増大という点で新しい破綻原因に関わるものといえるでしょう。また、Xの求めでYが家を出て別居となったのであり、Yの側では別居する特段の理由はなかった点でも特異です。裁判所は婚姻関係の破綻を否定しましたが、心理的違和感が高じて、別居にまで至ったが、別居期間は2年程度の場合に婚姻関係の破綻をどう考えるかについて参考となる事例です。

＜参考判例＞

○会社人間的な生活をして定年退職した夫に対して妻が離婚を請求したが、夫には婚姻関係を破綻させるような事由がないとされた事例（東京高判平13・1・18判タ1060・240）

第1章　新しい離婚原因　　　75

【17】　　夫から妻に対する家事への不満や価値観の相違を理
　　　由とする離婚請求が、夫が自らの価値基準によっての
　　　み妻の行動を評価し、不満、不快感を増幅させ、一方
　　　的に婚姻継続を拒否するに至ったから、婚姻関係の破
　　　綻は主として夫の責任によるとして棄却された事例

　　　　　　　　　（東京地判平15・3・25（平14（タ）219））

事例の概要

○当事者等

　X：原告（夫）

　Y：被告（妻）

○事実経過

平2．12	XとYは、司法試験予備校のアルバイトで知り合い交際。
平3．6	婚約。
平3．12	Xの実務修習地京都で同居。婚姻届出。
平5．4	Xは東京で弁護士業開始。
平6．5	長男A出生。
平12．8	Xが自宅を出て別居。
平13．5	Xが夫婦関係調整調停申立て、12月に不調。
平13．8	Yは長男と共に家を出て両親の家に転居。

○当事者の主張

〔Xの主張〕

1　愛情の喪失

　　Xは結婚の際、Xが働きYが家事を担当することを想定していた。

しかし、Yは実家に帰ることが多く、しばらく戻ってこず、Xの健康状態等を気に掛ける様子はなかった。

Xは勤務弁護士として多忙な生活を送ったが、YはXの疲労度合いなど気にせず、休日に外出することを求めるなど自分の要望と苦情しか言わない。

2　性格の不一致（価値観の相違）

Yは困難なことに挑戦する意欲が欠如している。子育てにおいてもXの意見を全く受け入れない。絶対に謝らない。

3　別居経緯

Xの価値観を理解しようとしないYと顔を合わせることも苦痛となり、事務所で仮眠をとり朝だけ家に帰る生活をするようになったが、平成12年8月、Yから生活費が足りないと言われ、Xが体力の限界まで働いていることを理解しない態度に我慢の限界を超えて別居を決意した。

〔Yの主張〕

1　愛情喪失の主張に対し

Xは、一方的で身勝手である。実家に帰ったのは婚姻届の提出やXの連日のような懇親会の機会を捉えたものである。Xを蔑ろにしたものではない。

Xの主張は事実に反する。YがXに仕事のことを尋ねても、勤務先に対する愚痴を述べるばかりで、Yに口出しさせない態度であり、独立についてもYに何の相談もなかった。生活費についてもXが一人で決めてきた。

2　性格の不一致の主張に対し

すれ違いの原因は、Xが自らの生活様式を譲らない点にある。

3　別居の経緯に対し

何度も話合いをしたことはない。Xは一方的に言いたいことを言

い、Yの意見は全く取り上げない。自分の価値観しか認めないのはXである。

Xは、不定期に何万円かの金額を渡すだけである。たまたま、保育料の支払に手持ち資金が不足したのでXに伝えたまでである。

裁判所の判断

Xは自らの価値基準によってのみYの行動を評価し、不満、不快感を増幅させ、一方的に婚姻継続を拒否するに至った。Xの行動は一方的で身勝手であるから、婚姻関係は主としてXの責任により破綻した。Xの請求は信義誠実の原則に反するから認容できない。

（判断理由）

1 Yは、婚姻当初から、Xの予定に合わせて実家に帰ることがあり、長期に及ぶこともあった。Xは、これに不快感を持ち嫌味を言ったこともあるが、率直に述べて話合いをすることはなかった。YもXの内心に気づかなかった。

　Yは、Xの嗜好に合わせようと食事を手作りし、離乳食も手作りすることもあり努力していたが、Xは、Yが家事について手抜きし、育児においても大量の市販の離乳食を利用しているとしてYに対する批判と不満を強めた。

　Xは、婚姻当初から、YがXの足を誤って踏んだりしても謝らないとして違和感を抱き、これが不満と批判に変わっていったが、Yは深刻な問題とは感じなかった。

　Xは、勤務弁護士時代は、極めて多忙で肉体的にも負荷の多い生活を送り、平成8年4月に独立して共同事務所を構えたが、当初は、

借入金返済や維持費等で財政状態が厳しく、勤務状態は過密で多忙であった。

Xは、平成10年頃から、Yと顔を合わせたくない気持ちもあり、事務所で夜中、朝方まで仕事をし、事務所のソファで仮眠を取り、朝だけ着替えと入浴のため家に帰り、Aを幼稚園に送り届け、そのまま職場に向かうという生活を送るようになった。平成12年には事務所近くにワンルームマンションを借りたが、生活は同様であった。

Xは、仕事や収入については、Yに口出しをさせない態度であり、独立後は、収入や資産状況を全く明らかにせず、財産管理はXが専ら行い、生活費は1週間から10日に一度の割合で数万円ずつYに渡す状態であった。

平成12年8月頃、YがXに生活費が足りないなどと述べたところ、Xは激怒し、マンションを出て完全に別居するに至った。Yは、計画的な家計のやりくりができず、たまたま、保育料の支払に現金が不足したことからの発言であったが、Xは、神経と体力をすり減らして生活費として月25万円から30万円を渡しているのにとして、Yの言葉は無神経な暴言と感じた。

2　Xは、婚姻生活の早い時期からYに対する不満や不快感を抱き、これを次第に募らせ、Yとの間で問題点について率直に話し合って不満等を解消することができないまま、Yとの関わりを忌避し、実質的な別居生活になり、Yに対する気持ちは嫌悪感といえる程度に至っていたところ、Yのお金がないとの発言に激怒し、完全別居に至った。

完全別居から既に2年半程度経過し、XはYを完全に拒否しているから、婚姻生活を復元することは事実上困難である。また、双方ともに、婚姻生活において、自分には特別問題とすべき点はなかったとの認識であり、婚姻関係は既に破綻状態にある。

第1章　新しい離婚原因　　　　79

　Yが実家に度々帰り、長期間家を空けたことについては、Xは率直に話し合うことがなかったから、Yにのみ責任があるとはいえない。

　XがYを非難するその他の点は、Yは家事や育児について自分なりに努力していたが、Xは相互理解と不満の解決のためにYと率直な話合いをすることがほとんどなかったのであり、自分の価値観のみによりYの行動を評価した上で不満や不快感を極限まで増大させ、一方的に婚姻継続を拒否するに至ったものである。また、Xは独立後は、収入や資産状況をYに全く明らかにせず、家計の維持についても不自由な状態に追い込んでいた。これらの点を考えれば、全体として、婚姻関係の破綻の責任は主としてXにあり、Xの行動は一方的で身勝手であるから、Xの離婚請求は信義誠実の原則に反するものであって認容できない。

コメント

　裁判所は、婚姻関係の破綻は認めましたが、信義則から夫の離婚請求を棄却したものです。判旨からは明確ではありませんが、破綻の責任は主に夫にあるといっていますので、夫を有責配偶者であると認めたように思われますが、妻にも若干の問題があるとしていることから、信義誠実の原則という一般条項の問題としたようにも解されます。

　当該事案では、暴力、不貞などの典型的な離婚原因ではなく、精神的なすれ違いの増大から夫の別居に至り、別居が2年半に及んだことから、婚姻関係が破綻したとされた事案です。夫は弁護士であり、厳しい業務を遂行しており、専ら自らの価値観を基準として、妻を厳しく評価し、妻の態度に不快感、不満を募らせましたが、そのような不満を率直に話して、解決を探ろうとはしなかったものです。妻も夫の

感情に敏感ではなかったようですが、それなりに家事、育児に努めたと評価されました。そして、資産管理、家計維持についても、夫は専ら自らの考えで行い、妻には口出しさせなかったようです。そのような事情を考慮して、婚姻関係の破綻は、主として一方的で身勝手な夫の責任であるとされ、信義則上、離婚請求が棄却されたものです。有責配偶者の離婚請求として検討しても（最大判昭62・9・2民集41・6・1423）、別居期間は2年半しか経過しておらず、未成熟子が存在しているので、離婚を認めるのは難しいと思われます。ただ、双方に問題があり、夫が有責配偶者とまではいえないと考えれば、完全別居から2年半経過し、夫の離婚意思が固く、婚姻関係の修復は難しいともされているので、離婚請求を認める余地もあり得るでしょう。夫には、不貞、暴力等の明確な非難すべき行為はなく、むしろ、自らの職務には懸命に励んでいるが、反面、自己中心的な考えになり、家庭生活や配偶者への配慮に欠けると評価されたものです。また、夫妻双方に自分に問題があったとは認識していないと評価されており、今後も、一定数、そのような精神的に未熟ともいえる夫婦関係のケースが現れてくると思われます。その場合、破綻に有責とされるのはどのような場合か、どのような基準で離婚請求を認めるのかを考える上で参考となる事案でしょう。

第1章　新しい離婚原因　　81

【18】　別居は、性格や価値観の相違が大きな要因であり、婚姻関係は破綻していないとして、離婚請求が棄却された事例　（東京高判平25・4・25（平25（ネ）754））

（原審：水戸家土浦支判平24・12・21（平23（家ホ）42））

事例の概要

○当事者等

　X：原告（妻　控訴人）

　Y：被告（夫　被控訴人）

○事実経過

平2	XとYは、ボランティア団体の活動で知り合い、交際。
平10. 10	婚姻。
平13. 4～	Xは、身障者入所施設で事務職員として稼働。
平15. 7～17. 7	Yは、社会福祉法人勤務。
平22. 12	Yの父親の体調急変。XがYの携帯に電話するもつながらず、後で職場に電話するとつながった。Yは、病院で職場にすぐ電話しなかったことに憤り、Yの母の足を蹴った。また、Yの弟に向けて椅子を蹴り飛ばしたこともある。
平23. 2	Xは、Yに実家に戻る旨告げた上、家を出た。
平23. 3	Xは一旦、自宅に戻ったが、再び、実家に戻り、別居した。

※備考　同居期間は12年5か月、別居期間は約1年8か月である。

○当事者の主張

〔Xの主張〕

1 Yは、平成12年9月頃、インターネットサイトで知り合った特定の女性と不貞関係にあった。

2 Yは、平成22年12月14日、入院中のYの父の病室を訪れたYの弟に向けて、椅子を蹴り飛ばした。

Yは、平成22年12月26日、Yの母に対し、足を蹴るなどの暴行を加えた。

Xは、これらの行為を目の当たりし、強い精神的ショックを受けた。

3 Yは、婚姻後、現在まで、5回転職している。

XはYから仕事に対する堅実さ、真面目さを感じ取ることができず、将来への不安が増した。

4 Xは、家賃分として毎月8万円をYに現金で渡していたほか、下水道代も支払っていた。

Yは、婚姻中、カードでキャッシングを利用しており、貯蓄すらできない経済状況であった。

Xは、将来の生活に困窮するのではないかと常に強い不安を感じるようになった。

5 Xは、Yとの間でこれ以上信頼を築き、維持していくことができないとの結論に至り、平成23年2月17日、Yに対し、離婚の意思を伝えて実家に戻った。以降、別居状態が続いており、XとYの婚姻生活は破綻している。

〔Yの主張〕

1 不貞行為について

Yは、平成12年頃、○○サイトの掲示板を通じて、女性と知り合い、互いの家族の悩みなどをチャットするようになったが、チャットしていたのは1ないし2か月程度であった。また、Yが、その女

第1章　新しい離婚原因　　83

性に会ったのは一度だけであり、性的関係は一切ない。

2　Yの親族に対する暴行について

　　Yが、Yの弟に向けて、椅子を蹴り飛ばしたのは、Yは弟と折り合いが悪く、父親の病気対応等により精神的余裕がなかったことによるが、反省している。

　　Yが、Yの母の足を2回蹴ったのは、Yの母が、入院中のYの父の体調が急変したことを、Yの職場に電話をして知らせなかったことに立腹したものであるが、反省している。

3　Yが婚姻後5回転職したのは、キャリアアップのためである。経済的に困窮したこともなく、転職による生活不安などない。

4　Yがカードでキャッシングしたのは、大学の学費や、Yの父の入院、納骨等の費用で、やむを得ないものであり、既に完済している。

　　しかも、X、Y各名義の銀行口座に、それぞれ相当額の預貯金もある。

5　Yは、現在も、Xとの婚姻関係の継続・修復を強く望んでいる。

　　また、XとYの別居期間は2年未満にすぎない。

　　Xの離婚請求の動機、背景には、精神的な不安定さがあり、婚姻関係の修復可能性が全くないとまではいえず、婚姻関係は破綻していない。

裁判所の判断

　Xの主張する点はいずれも婚姻関係を継続し難い重大な事由とはいえない。別居は、性格や価値観の相違が大きな要因であり、Xが離婚を強く望んでいるとしても、婚姻関係が破綻し、修復の見込みがないとはいえない。

第1章　新しい離婚原因

（判断理由）

1　不貞を認めるに足りる証拠はない。

　　Yの家族に対する暴行は、特異な状況下で起きたことであり、Yに従前から粗暴な傾向が見られたということもない。

　　Yの転職には理由があり、就労姿勢に問題があるものではなく、配偶者に将来の不安を抱かせるようなものではない。

　　Yに長期間にわたるキャッシングはあるが、浪費によるものではなく、既に完済しており、無謀な借入れではない。生活費の負担も婚姻生活の重大な支障とはいえない。

2　XはYの特定女性とのチャット、家事負担、金銭感覚のズレなどで不満を募らせ、次第にYへの愛情が薄れていたところ、家族への暴行により離婚意思を固めたと推測されるが、それまでは婚姻生活に重大な問題が生じていたものではない。母親に対する暴行は、問題はあるが、その経緯、程度に照らせば、婚姻関係を継続し難い重大な事由とまではいえない。別居の経緯としては、性格や価値観の相違が大きな要因となっているというべきであり、一方的あるいは主としてYに責任があるとはいえない。

　　上記によれば、別居後約2年が経過して、Xが強く離婚を望んでいるとしても、婚姻を継続し難い重大な事由があるとは認められない。

コメント

　本件は、客観的には、婚姻を継続し難い重大な事由は認められないが、妻が夫に対して、感情的に違和感・不満を募らせ、愛情を喪失して別居したという事案です。同居期間は12年以上に及んでおり、別居期間は2年未満ですから、裁判所は、いまだ、破綻を認めるには十分

第1章　新しい離婚原因　　85

ではないと判断したものです。外部からは、婚姻関係にとって重大な支障となる事由がないと見られても、当事者にとっては違和感を持つ事象が積み重なり、何らかのきっかけ（本件では、夫の母親への暴行）で完全に愛情を喪失して別居に至ることはあり得ることです。このような事案において、別居して離婚訴訟を提起したという当事者の主観に重点を置けば、破綻を肯定し、修復可能性は乏しいとして離婚を認めるのが相当との判断もあり得るでしょう。ただ、本件において、裁判所は、客観的には、婚姻を継続し難い重大な事由はなく、別居期間もいまだ長期ではないとして、離婚を認めなかったものです。なお、「現在の家裁実務では、別居期間が概ね３年以上に及んでいれば、特段の事情のない限り、婚姻関係の破綻を認めるのが通常」とされているようです（武藤裕一＝野口英一郎『離婚事件における家庭裁判所の判断基準と弁護士の留意点』179頁（新日本法規出版、2022））。今後、夫婦それぞれの個性がより重視されるようになれば、例えば、家事分担、金銭感覚等の日常的なことで意見の相違が生じ、客観的には双方に責任がないのに、感情的な軋轢が生じ、別居、離婚請求に発展するような事案も増えることが予想されます。破綻認定に相当な別居期間や修復可能性などについて、裁判所の判断も変化していくかどうか注視したいところです。

＜参考判例＞
〇夫婦の生活観、人生観の相違によって婚姻関係が破綻したと認められた事例（東京高判昭54・6・21判時937・39）

第1章　新しい離婚原因

【19】　夫が、妻が家事育児を担うという婚姻当初の役割分
　　　担を変更する必要を認めることができず、流産の際の
　　　冷淡な対応、無配慮な言動、育児に対する非協力等か
　　　ら、妻と夫の気持ちは大きくすれ違うようになったと
　　　して、離婚請求が認められた事例

（東京高判平29・6・28家判14・70）

（原審：横浜家審平28・12・22（平27（家ホ）363））

事例の概要

○当事者等
　X：原告（妻　控訴人）
　Y：被告（夫　被控訴人）

○事実経過

平16	婚姻。職場結婚。Yは調理師。X流産。
平17	Xが長女を妊娠し、翌18年出産。Yはおむつ換えくらいしか育児に関与せず、育児の辛さに対する理解を示さず。
平20	Xは長男出産。Yは家事の手伝いを増やすこともせず、Xを労うこともしなかった。
平22	Xは妊娠したが、流産した。
平24	Xは看護学校に入学した。Yは家事の分担を拒否した。
平26	XとYが口論した際、長女が自らを責める発言をしたことから、Xは離婚を決意した。 Xは、子らを連れて自宅を出て別居した。 XとY間には復縁につながるような動きはない。

○当事者の主張

〔Xの主張〕

Xが最初の子を流産した際におけるYの冷淡な対応、長女の妊娠の際におけるYの無配慮な言動、身勝手な主張や育児に対する非協力等によってYとの婚姻関係は破綻したから、「婚姻を継続し難い重大な事由」がある。

〔Yの主張〕

Xの主張することは、事柄の背景を考えれば夫婦喧嘩にすぎないもので、離婚原因は存在しない。

裁判所の判断

> Yは婚姻当初の互いの役割分担を変更する必要を認めることができず、夫婦の気持ちは大きくすれ違うようになった。別居期間も3年5か月以上になっており、婚姻関係は破綻した。

（判断理由）

Xは、Yが9歳年上で職場の先輩でもあったことから、Yを頼りがいのある夫と認識して婚姻し、一方、Yも、Xを対等なパートナーというよりも、庇護すべき相手と認識しつつも、家事は妻が分担すべきものとの考えでXと婚姻した。しかし、Xは、流産、長女及び長男の出生、2度目の流産を経験する中で、Yが家事や育児の辛さに対して共感を示さず、これを分担しないことなどに失望を深め、夫から自立したいという思いを強くしていったこと、これに対し、Yは、Xの心情に思いが至らず、夫が収入を稼ぐ一方で、妻が家事育児を担うという婚姻当初の役割分担を変更する必要を認めることができずに、Xと

Ｙの気持ちは大きくすれ違うようになっていたこと、そうした中、Ｘが看護学校に行っていて不在の際に、Ｙが子らを厳しく叱るということなどが続き、Ｘはこのまま Ｙとの婚姻関係を継続しても、自らはもとより子らにとっても良くないと離婚を決意するに至り、平成26年○月になって、子らを連れて別居したという経緯が認められる。かかる経緯に加え、別居期間が３年５か月以上に及んでおり、しかも、この間、復縁に向けた具体的な動きがうかがえないという事情をも加味すれば、Ｘ・Ｙのいずれかに一方的に非があるというわけではないが、Ｘと Ｙの婚姻関係は既に復縁が不可能なまでに破綻しているといわざるを得ない。

　Ｙは、夫婦喧嘩にすぎないもので、離婚原因は存在しないと主張するが、前記のとおり、夫婦の役割等に関する見解の相違を克服できないまま、Ｘは離婚意思を強固にしており、その意思に翻意の可能性を見い出しがたい上に、既に述べたとおり、別居後は、双方に、今日に至るまで、復縁に向けての具体的な動きを見い出すことができないのであるから、かかる事情に照らせば、既に夫婦喧嘩という範疇に留まるものではない。

╭─────────────╮
　コメント
╰─────────────╯

　本件は、夫婦間の役割分担の認識、感覚、感情のすれ違いが破綻に結び付いたものです。婚姻当初は、夫は仕事に励んで収入を得、妻子を保護する、妻は年長の夫を頼りにし、家事育児をするということで、互いの役割分担について違和感がなかったようですが、婚姻中、妻の流産、出産、育児、看護学校入学などのイベントの際に、夫は、妻の心情に寄り添い、家事育児の負担を軽減する努力が必要であったのに、当初の役割分担にこだわり、柔軟に認識、態度を変えることができな

第1章　新しい離婚原因　　89

かったことが破綻の原因となったものです。そして、別居期間が３年
５か月に及ぶのに、修復に向けた具体的な行動もなかったことが離婚
を認める理由とされました。夫の側に強く非難される行動があったも
のではありませんが、従来の固定的な夫婦の役割分担に囚われて、柔
軟に対応することができなかったことが破綻理由であるとして離婚が
認容された点、今後、参考となる事例といえるでしょう。なお、原審
（横浜家審平28・12・22、下記参考判例）は、Ｙの言動は婚姻関係を破綻さ
せるような有責な行為とは認められない、Ｘが主張する事実は、一般
に、子を持った夫婦間では日常的に生じ得る内容の不満であるとして、
婚姻関係の破綻を認めず、Ｘの離婚請求を棄却しました。事象の外見
からみれば、そのようにもいえるかもしれませんが、当事者の心理的
な葛藤とこれを原因とする別居が３年半に及んでいること、妻の離婚
意思が固いことからすれば、破綻を認めるのが相当でしょう。なお、
３年半の別居とＸの離婚意思は、それ自体で破綻を事実上推測させま
すが、別居理由が婚姻生活の趣旨に照らして合理的なものかどうかの
判断が原審と控訴審の結論を分けたものです。夫婦の役割分担も固定
的なものではなく、状況に応じて変化すべきであり、これに対応でき
ない配偶者の姿勢は婚姻関係の破綻事由を基礎付けるとされたこと
が、類似事例の参考となるでしょう。

＜参考判例＞
○会社人間的な生活をして定年退職した夫に対して妻が離婚を求めたが、
　夫には婚姻関係を破綻させるような事由がないとされた事例（東京高判平
　13・１・18判タ1060・240）
○流産の際の夫の冷淡な態度や育児に対する非協力などによって婚姻関係
　が破綻したことを理由とする離婚請求が棄却された事例（横浜家審平28・
　12・22（平27（家ホ）363）、当判決の原審）

【20】 子は持たず、婚姻は互いに人格的、知的に高め合う
ものとの認識で結婚した夫婦につき、夫が、妻は自分
を高める努力を怠るようになったと感じ、自らも、妻
に子供を持ち、長男の嫁としての役割を期待する感情
を有するようになった場合、そのような人生観、結婚
観等の相違は、決定的なことであり、それを理由とす
る同居拒否は不法行為とはいえないとされた事例（双
方離婚請求）

(東京地判平16・12・27（平15（タ）509・平16（タ）351))

事例の概要

○当事者等

X：原告（夫　反訴被告）

Y：被告（妻　反訴原告）

○事実経過

昭60. 4	XとYは、子供は持たない旨合意し、婚姻は互いに人格的、知的に高め合うものとの価値観の下、婚姻した。Xは新聞社勤務で、現在は国際部次長である。
昭60. 6	YはXの英国留学を機に退職し、共に英国に留学した。
昭62. 6	XとYは帰国した。その後、Xはワルシャワ支局に赴任し、Yも同行した。
平3. 9	Xはワシントン支局に赴任しYも同行し、大学院で西洋美術史を専攻した。XはYが人格を高め合うとの気持ちを失い始めたと感じ、結婚の意味に疑問を生じた。この頃から、性交渉はなくなった。

平7	XとYは帰国し同居した。
平8.6	Xはロンドン支局に赴任し、Yも同行した。Yは美術史の研究を継続したが、Xは、Yの研究は中途半端で専業主婦にシフトしつつあると感じ、失望を感じた。XYはA夫婦と家族ぐるみの付き合いをした。
平12.1	XとYはロンドンから帰国し、同居した。
平12.8	Xはモスクワ支局に赴任したが、XとYは、Yが自立するためにはYがロンドンで研究を続けるのがよいと合意し、Yは9月ロンドンに移住した。以降別居を続けている。
平13.4	XはA氏を通じて離婚を求める書簡をYに送付した。離婚を求める理由として、Yが自分を高める努力を怠るようになり、その責任をXに負わせるようになったなどの記載があった。また、XはYを訪ね、子供を持つ一般的な夫婦が人生の正道である、YはX家の長男の嫁であるなどと伝統的な考えも口にした。
平14.7	Xは帰国し、社宅に入居し、Yは9月帰国し、実家に居住した。
平14.10	XはYを相手方として離婚調停を申し立てたが、不成立となった。

※備考　XがYに対し離婚と慰謝料支払等を求め（本訴）、YがXに対し離婚と慰謝料支払等を求めた（反訴）。

○当事者の主張

〔Xの主張〕

　YとA氏は不貞関係にあった。

　XとYは平成4年頃から性交渉がなく、子供もなく、夫婦関係は冷え切っていた。

　平成12年8月から別居している。

〔Yの主張〕

XはYとA氏との不貞という事実無根の主張をし、婚姻関係破綻の原因となった。

Xは結婚当初、子供はいらないと合意していたのに、婚姻生活において大きく変化した。

Xには不明瞭な蓄財と資産隠匿がある。

裁判所の判断

XとYは別居し、双方が離婚を求めているから、婚姻を継続し難い重大な事由がある。XとYは精神的な部分で結び合うことを目指して結婚した夫婦であり、人生観、結婚観等が異なることは決定的であり、そのために同居を拒むことを不法行為とはいえないから、この点についてのYの慰謝料請求は理由がない。その他、双方の慰謝料請求はいずれも理由がない。

（判断理由）

1　XとYは別居し、双方が離婚を求めているから、離婚請求はいずれも理由がある。

2　同居拒否について

Xの同居拒否の原因は、XとYは、婚姻当初、子供を持たないで、互いに人格的、知的に高め合うとの価値観で一致していたところ、年月を経て、Xは、Yが理想を実現せず、その原因をXに求めていると感じる一方、自己自身、その価値観が揺らぎ、Yに伝統的な嫁、母としての役割を求める心情が生じたのに、Yがその期待に応えないことに不満であった。精神的な部分で結び合うことを目指して結

第1章　新しい離婚原因　　　　　　93

婚した夫婦にとって、人生観及び結婚観並びにＹの生き方への評価
が異なることは決定的なことであるから、これを根拠とする同居拒
否を違法とか不法行為であると解することはできない。

3　その他、双方の慰謝料請求はいずれも理由がない。

（財産分与については省略する。）

コメント

　本件では、本訴、反訴において、双方が離婚を請求していますから、
裁判所は、離婚を認め、破綻原因については具体的な認定はしていま
せん。しかし、双方が慰謝料を請求したことから、特に、Ｘが同居を
拒否し別居を継続したことへの責任が問題となりました。そして、Ｘ
の同居拒否理由が、夫婦間の当初の了解事項であった、子供を持たず、
互いに人格的、知的に高め合うという観念、価値観に関して、Ｙに不
信感を抱くようになり、また、Ｘ自身も、伝統的価値観へ立ち戻る心
情も生じたが、これにＹが応えないとの不満があり、これが別居の継
続の事由となりました。夫婦間で、子供を持たないことを合意する場
合はあるでしょうが、本件のように、互いに人格的、知的に高め合う
ことを目的とするといった理想主義的な観念を抱いて結婚する夫婦は
余りないと思われます。なお、本件では、相互に不貞などを破綻事由
として主張していますが、いずれも排斥されています。結局、主とし
て、Ｘの側の理想主義的な観念への揺らぎと、Ｙの行動に対する評価
の変遷により、婚姻関係が破綻したものと見られます。裁判所は、こ
のことは、どちらの責任ともいえないと判断しました。本件は、夫婦
の共通価値観の喪失が破綻事由となった事案であり、同様の事案に対
して参考となるものでしょう。

（思想・信条）

【21】　婚姻関係の悪化は、夫が休日にも家庭を顧みることなく、市民活動に多くの時間を費やし、遂には教員の職を失うに至ったこと、また、長女への対応や妻の心情に理解を示さないことにあるのに、夫がこれを認識せず、かえって自己の意見や価値観を妻や長女に押し付けたことなどによって婚姻関係が破綻したとして、妻からの離婚請求が認められた事例

（東京高判平23・12・20（平23（ネ）5422））

（原審：東京家立川支判平23・6・30（平21（家ホ）123））

事例の概要

○当事者等
X：原告（妻　被控訴人）
Y：被告（夫　控訴人）

○事実経過

平11．5．28	婚姻。Yは都立高校教員。Xは薬剤師だったが、長女出生を機に専業主婦。
平12	長女が出生。 Yは、結婚当初から日の丸君が代反対の市民活動をしており、休日には出かけ、育児に関わることも少なかったため、Xは出産を機に実家に戻った。
平13．9	Yが家庭第一に考え、市民活動を中止するとの誓約書（以下「本件誓約書」という。）を書いたため、Xは自宅に戻り、再度同居したが、Yは、活動を止めなかった。

平18頃	長女の知能指数が平均よりかなり低く、境界級知能と診断されたが、Yは問題としなかった。
平19. 2	XとYは長女の入学予定の小学校の校長に長女に対する配慮を願いに行ったが、その際、Yは「日の丸・君が代」の要望書を校長に渡した。
平19. 6	Yが都立高校の教員を退職した。Yの活動に起因して指導力不足との評価がされ、分限免職が予定されたためであった。 Yが家にいるようになり、長女との関係が急速に悪化し、Yの長女に対する言動に関してXと口論となることが多くなった。
平20. 12	Yが、長女の手を消毒するのを止めようとしたXの顔を叩き、出ていけと言い、Xが長女を連れて家を出、以来別居している。

○当事者の主張

〔Xの主張〕

Yは、長女の手足が汚れていないにもかかわらず、汚いと言って、手足をアルコールで消毒する行為を行い、長女が嫌がると、怒鳴りながら目を紙で叩く、顔を叩くなどの暴力を加え、「いつか殺されるぞ」などと精神的虐待を加え、Yを止めようとしたXに対し、顔を叩き、出ていけと言った。

Yは、部屋に生活できなくなるほど物をため込み、キッチンのシンクや洗面台に痰を吐いたまま放置するなどし、家庭環境を悪化させる行為を繰り返した。

Yは、日の丸君が代に反対するなどの市民活動にのめり込み、家庭を顧みなかった。Yは、平成19年にこれまで勤めていた都立高校の教員を退職したが、これについてXに理由を何ら説明せず、自らの思想を家族の生活より優先させた身勝手な行為であった。

上記Yの行為により、XとYとの間の婚姻関係は破綻し、関係修復は到底見込めない。

〔Yの主張〕

　Yは、潔癖症の性格があり、長女の手足がさほど汚れていない時も長女の手足をウエットテッシュで拭いたりなどはした。長女がYにいたずらや嫌がらせをし、Yは、注意しても止めないので、長女の頬や尻を叩いたりするなどした。X主張の家庭環境を悪化させる行為については、胃腸の状態が悪かったり、体調不良であったりしたためであり、故意によるものではなく、Yは、Xにその都度謝罪してきた。市民活動には固有の意義があり、Yとしては、家庭と仕事と市民活動のバランスをとるべく努力してきた。

　今後、Xの立場を思いやり、Xの身になって考える生活・行動をし、家事分担を学び、できることからこなしていくことを考えている。

　以上のことからすれば、XとYとの間の婚姻関係は破綻しておらず、修復の可能性がある。

裁判所の判断

　婚姻関係の悪化は、Yが家庭を顧みないで市民活動に多くの時間を費やし、職を失うに至ったこと、また、Yの長女への対応やYがXの心情に理解を示さないことにあるのに、Yはこれを認識せず、自分の意見を押し付ける態度であり、婚姻関係は破綻しており、Xの離婚請求は理由がある。

（判断理由）

1　Yは、結婚当初から、日の丸君が代反対のビラをまくなど市民活動をしており、休日には出かけ、育児に関わることも少なかった。そのためXは実家に戻ったが、Yが、本件誓約書を書いたため、再度同居するに至った。しかし、Yが市民活動を止めることはなかった。

長女が境界級知能と診断されるなどしたが、Yは取り合わなかった。また、XとYは、長女の入学予定の小学校の校長に対して長女の発達の問題に対し配慮してもらえるようお願いをしに行った際、Yは、「日の丸・君が代」の要望書を校長に渡し、Xは、Yは子供より思想の方が大事なのだと失望した。Xは、長女の発達に悩み、Yに相談するも、Yは取り合わない態度であった。平成19年6月ころ、Yは、都立高校の教員を退職したが、日の丸君が代反対運動をしていることにも起因しており、Xは、自分の思想のために職を失うという価値観に大きな違和感を持った。

　Yは、退職後、家にいるようになったが、Yと長女との関係が急速に悪化した。Yは、潔癖症から、長女の手足をウエットティッシュで消毒したりするなどを以前からしていたが、長女はこれを嫌がり、仕返しと言ってYがお風呂に入っているときに電気を消したり、YのUSBを隠すというような嫌がらせをすることが多くなった。Yは、長女の嫌がらせに対し、怒鳴ったり、顔を叩いたり、体を蹴ったりなどし、きちがいの子、お前はパパの子じゃないなどと言ったこともあった。Xは、このようなYの行為を止めようとし、XとYは口論となることが多くなった。平成20年12月、Xは、長女の手を消毒するYを止めようとしたが、止めないため、Yを叩いたところ、Yは、Xに対し、顔を叩き、出ていけと言った。Xは、同月27日、長女を連れて家を出て、以後Yと別居している。Yは、長女との面接交渉調停を申し立てたが、Xの了解なく運動会に参加したり授業を参観したりし、長女はYとの接触が原因の嘔吐等重度ストレス反応を示した。

2　XとYとの婚姻関係の悪化は、Yが休日にも家庭を顧みることなく、市民活動に多くの時間を費やし、遂には教員の職を失うに至ったこと、また、Yの長女への対応や、YがXの心情に理解を示さないことにあるのに、Yはこれを認識せず、かえって自己の意見や価

値観をXや長女に押し付けたことにある。Yの上記行為により、X
が婚姻継続の意思を失ったが、Yはこれを認識せず、改善が望めな
いから、XとYの婚姻関係は、Yの行為によって破綻した。したが
って、Xの離婚請求は理由がある。

コメント

　本件は、教員であった夫が市民活動に極めて熱心であり、遂には、
これに起因して教員の職を失うに至ったが、家庭生活への配慮を欠き、
育児にも冷淡で、長女の生育に問題があるとして、妻が相談しても、
取り合わなかったものです。また、長女の心情に配慮せず自己の意思
を押しつけようとして、長女との関係を悪化させ、これに起因して妻
とも口論が多くなり、遂に妻の顔を叩くなどして、別居に至ったとい
うものです。裁判所は、夫が自己の信念に基づく市民活動に熱心の余
り、家庭生活に配慮せず、自己の意見、価値観を妻や長女に押し付け
たことから妻が婚姻継続の意思を失い、改善が望めないと認定しまし
た。もとより、信念に基づき、市民活動を追求すること自体は個人の
自由ですが、これが家庭生活に支障を及ぼすまでに至れば、婚姻を継
続し難い事由の一つともなり得ます。もちろん、本件では、そのこと
だけではなく、妻や長女に対して、自己の意見、価値観を押し付けた
態度も併せて問題とされました。

　仕事と家庭、宗教活動と家庭生活のバランスなどが問題となること
もありますが、本件は、市民活動を最重要に考え、家庭生活を崩壊さ
せたという事案であることに特色があります。

　なお、本件では同居期間は約9年間で、別居期間（原審の判決日ま
で）は約2年半で、さほど長期の別居とはいえませんが、別居に至っ
た原因はYに専ら責任があり、今後、婚姻関係の修復も望めないとさ
れたので、別居期間の点は問題とならなかったものです。

第1章　新しい離婚原因　　99

【22】　夫婦間でも信仰の自由は尊重されねばならないが、夫が妻から子供らに教義を教え込まれたくない、家族一緒に正月を祝いたい、先祖供養のために墓参りしたいと考えても、間違っているとして非難できず、夫の考えや気持ちを無視する妻にも責任があるとして、夫からの離婚請求が認められた事例

（広島地判平5・6・28判タ873・240）

事例の概要

○当事者等
　X：原告（夫）
　Y：被告（妻）

○事実経過

昭54. 5	婚姻。長男（昭和55年出生）、長女（昭和59年出生）がいる。
昭57. 9頃	米子で生活時、Yはエホバの証人の信者から自宅で週1回程度訪問を受けて、聖書の説明等を聞くようになった。
昭58. 1	Xの転勤で宇部に転居後もYは同信者から定期的訪問を受け、教義を学び、昭和60年5月頃から王国会館の集会に参加するようになった。Xはこのことを嫌がっていた。
昭60. 6	エホバの証人の輸血拒否事件の報道をきっかけとして、XはYに信仰を止めるように明言するようになった。 7月頃から、Xは、Yが子供を連れて日曜日の集会に参加しようとすると、Yを殴打したり足を蹴った

	りして参加を阻止しようとした。 8月に墓参りした際、Yは墓に手を合わせることはできないと言ってXと口論になった。秋には、Yは秋祭りの神輿担ぎに長男を参加させず、Xは不信感を募らせた。 11月頃から、Yは、子供を連れて集会に参加するようになり、XはYを平手で殴打したり鍵をかけて家に入れないこともあった。
昭61正月	XYは、Xの姉家族と宮島に参拝に行ったが、Yは参拝せず、Xは数回Yの顔を殴打した。 Yの両親や姉たちもYに信仰を止めるように説得したが、効果がなかった。
昭61．5	Yは、子らを連れて門司の実家に帰った。 8月、Yは子らを連れて家に帰ろうとしたが、Xは子らだけを家に入れ、Yは入れなかった。その後、子らはXの実家（広島）で両親が養育し、平成2年4月からはXも実家で生活している。
昭62．6	XとYは会ってYの信仰等について話し合ったが、Yは信仰を止める意思は全くなく、Xは離婚を決意した。
昭63	Yは洗礼を受けて、週2回ほど午前中、戸別訪問して伝道に出歩いている。

※備考　エホバの証人の教義：エホバの神は絶対で唯一であり、先祖崇拝は許されない。国歌や校歌も歌わず、国旗に敬礼しない。正月等の行事に参加しない。輸血は行わない。武道はしない。学校の課外活動にも参加しない。選挙の投票も棄権する。

○当事者の主張

〔Xの主張〕

　Yは、日曜日の集会に出るようになり、争いが絶えなくなった。嫌がる子供を連れて夜の集会にも参加するようになり、争いが更に激化した。

第1章　新しい離婚原因　　　101

　Yは、昭和61年4月末からは実家に帰り、別居し、別居期間は6年半以上に及んでいる。

　Yの宗教活動が続く限り、円満な夫婦関係の回復はできない。

〔Yの主張〕

　Xは、昭和60年の輸血事件から、Yの信仰に突然反対するようになり、暴力で集会参加を阻止するようになった。

　Yは妻としても母としてもそれまでと同様に勤勉に努めてきた。

　YはXの暴力に耐えきれなくなり、昭和61年5月頃から実家に帰り別居生活が始まった。Yの宗教活動は、自宅での聖書の勉強会や週1回程度の集会への参加にとどまり、XがYの信仰を尊重し、Yも宗教上の信条に固執しないようにすれば、夫婦共同生活の回復は可能であるから、婚姻を継続し難い重大な事由はない。

裁判所の判断

　Xはエホバの証人を強く嫌悪し、子供の養育上悪影響があると考えている。一方、Yの信仰は非常に堅固であり、宗教活動を自粛する態度はみられない。そして、Xの離婚意思が固く、別居期間も約7年に達し、婚姻関係は破綻している。エホバの証人の教義からすれば、XがYの信仰に寛容でないことからXだけに破綻の責任があるとはいえない。よってXには婚姻を継続し難い重大な事由があるから、離婚請求が認められる。

（判断理由）

　Yは、エホバの証人の教義を絶対的なものとして信じており、皆がこれに反対するのは聖書の知識がないからと考えている。一方、Xは、前記のような教義を持つエホバの証人を嫌悪し、Yが子を連れて伝道

に歩いていることにも嫌悪感を抱き、同宗教は子供の教育に悪影響があると考えている。

Xは、Yに対し、長期間、宗教活動を中止するように話し合ってきたが、Yはこれを自粛する態度は全くみられず、ＸＹ間の対立は深刻であり、Xの離婚意思は固く、別居期間も約７年に達し、婚姻関係は破綻している。

夫婦間でも信仰の自由は尊重されなければならないが、信仰が内心に止まらず、教義の実践を伴い、それが家庭生活や子供の養育に影響を与える場合は、夫婦協力義務の観点から一定の制約を受ける。

Xが子供らに教義を教え込まれたくない、家族一緒に正月を祝いたい、先祖供養のために墓参りしたいと考えても、間違っているとして非難できず、Xの考えや気持ちを無視するYにも責任がある。XがYの信仰に寛容でないことからXが破綻について主な責任があるとはいえない。したがって、Xには婚姻を継続し難い重大な事由があり、その離婚請求は認められる。

$$\boxed{\text{コメント}}$$

本件は、少なくとも平均的な日本人の感覚からすれば特異な教義を持つエホバの証人の信仰をめぐる夫婦間の葛藤が問題となった事案です。

本件の事案を外形的に見ると、XがYの信仰を暴力的に制止しようとし、別居の経緯も、Yから家を出たのではなく、Yが家庭に戻ろうとしたのに、Xが子らだけを家に入れ、Yを締め出し、そのことから別居が続いているというのですから、Yの立場でみると別居に合理的な理由がなく、７年間の別居とXの意向から破綻が認められても、Xは有責配偶者ではないかと考える余地も否定できないでしょう。

しかし、判旨もいうように、夫婦間でも信仰の自由は尊重されるべ

第1章 新しい離婚原因　　103

きであるとしても、その教義の実践が平均的な家庭の通常の風習（正月行事、墓参り等）を拒否し、子供の教育にも偏頗な影響を与え、輸血の拒否など将来重大な問題を惹起する可能性が強い場合、このような教義の実践が家庭生活や子供の養育に悪影響を与えることを阻止しようとしたXの考えや気持ち自体を強く非難することはできないように思われます。そうすると、Xの側にも暴力的な行為やYを締め出した点で破綻に責任があるが、Yにも宗教を家族行事等の家庭生活の場面に持ち込んだ点で破綻に責任があり、その意味で双方に責任があるという説示には説得力があるように思われます。そして、別居期間も約7年に至っているというのですから、修復の可能性はないとして、Xの離婚請求が認められたのは仕方がないでしょう。

　本件は、信仰をめぐる事案であって、その意味では新しい離婚原因とはいえませんが、教義自体が平均的家庭生活と具体的に衝突する場合、表面的にみれば、離婚請求者側に暴力や別居を強いたことに問題があったとしても、双方に破綻の責任があるとされたことに事例判断としての意義があります。そして、今後、社会の複雑化に伴い、夫婦間で宗教のみではなく、例えば政治的見解その他の諸問題について見解の相違が生じ、他方配偶者の信念・信条とこれに基づく行動が家庭生活に影響を及ぼすようなケースが発生することもあるでしょうが、そのような場合に参考となる事案といえるでしょう。

＜参考判例＞
○夫が嫌悪している宗教への信仰を断ちがたいと考えている妻との間の婚姻関係が破綻しているとまでは認められないとされた事例（東京地判平17・4・27（平16（タ）225））
○妻の宗教活動（エホバの証人）を理由とする離婚請求が認められなかった事例（名古屋高判平3・11・27判タ789・219）

（訴訟提起）

【23】 夫が、虚偽の事実を作り出して妻に対する離婚訴訟を提起し、印鑑証明書の不正取得やマンションの分割について別訴を提起して妻に応訴を求めたため、妻が離婚を決意したから、妻に対する慰謝料額としては300万円が相当であると認められた事例

（東京地判平19・3・28（平15（タ）987・平18（タ）1））

```
事例の概要
```

○当事者等

X：原告（夫　反訴被告）

Y：被告（妻　反訴原告）

○事実経過

平12.8	婚姻。Xは精神科医師。Yは外国航空会社の客室乗務員。 XとYは、婚姻前後を通じて年数回国内外旅行をした。
平13.3	Xの同僚医師Aが福岡転居。Xは多数回福岡に渡航。
平14.1	Yはパートタイム勤務となり収入が低減した。他方、Xの収入は増加していったが、これをYに話さず、共同生活におけるXの支出も変化せず。
平14秋	XとYの性交渉は年2回程度しかなかったが、この頃から全くなくなった。
平15.3	YはXに対し、子供が欲しい旨強く申し入れたが、

		Xはあいまいな返事をして、真剣に取り合わなかった。
平15. 4		XはYに秘してYの父に対し、Yと離婚したい、XとYが2分の1ずつの持分をもって同居しているマンションのX持分を買い取ってほしいと述べた。その後、XはYに対して離婚を迫った。
平15. 5		Xは一方的に離婚届に署名押印してYに交付した。XはYを完全に無視するようになり、Yに「お前を人格障害の患者としてしか見ない」などと言った。Yは精神的に不安定となり、精神科を受診し、仮面うつ病の疑いと診断された。
平15. 6. 12		Xはマンションから退去した。その前日、Yは父親のアドバイスにより、Xに無断でXの印鑑登録証明書や戸籍謄本等を取得した。
平15. 8. 7		Yは、婚姻費用の分担調停を申し立て、Xに8月以降の婚姻費用として月額12万円の支払を命ずる審判がされた。Xは同月夫婦関係調整調停を申し立てたが、不調で終了し、Xは、同年12月2日、本訴を提起した。
平16. 2		Xは東京地方裁判所に対し、Yを相手方として印鑑登録証明書の不正取得を理由とする不法行為に基づく慰謝料を請求して提訴し、慰謝料5万円等の一部認容判決を受けた。
平17. 3		Xは東京地方裁判所に対し、Yを相手方として、マンションについて共有物分割を求める訴えを提起したが、権利濫用を理由として請求が棄却された。

○当事者の主張

〔Xの主張〕

XとYとの間には、平成11年頃から肉体関係はなかったが、Yが本件マンションを購入するため、また、Xが交際をして求婚をした男性

の責務として婚姻したにすぎず、実質的にはハウスシェアリングの状態であった。また、Ｙは、高価な習い事や、観劇、美容院などに費用を費やし、また、家では家事をせず、手料理も作らず、食事中もＸとの会話を拒絶するなど、価値観の違いや浪費等の問題が存在しており、ＸのＹに対する愛情は失われていた。口論の際、Ｙが離婚という言葉を口走ったことから、口論が絶えなくなり、別居に至った。以上により、ＸとＹの婚姻関係は破綻している。

〔Ｙの主張〕

ＸとＹの婚姻関係は、ＸのＹに対する言葉の暴力や精神的虐待、不貞行為によって破綻している。すなわち、ＸとＹは、仲むつまじい夫婦であったが、Ｘが一方的に離婚を宣言して別居するに至り、離婚調停の申立て、本訴提起、損害賠償請求訴訟提起、本件マンションについての共有物分割請求訴訟を提起して、Ｙが離婚に同意するよう仕向けた。Ｙは、Ｘの主張する離婚原因について思い当たることがなく、困惑するばかりであったが、本訴の過程において、Ｘと同僚であった精神科医Ａとの不貞行為等が明らかとなり、また、別居から既に３年が経過し、Ｘに翻意の様子がみられず、非常識な対応に終始していることから、Ｙも離婚することを決意したものである。

裁判所の判断

Ｘの主張する離婚原因は不自然で採用できない。Ｘが一方的に離婚を求め、別居し、訴訟を提起したことから、Ｙも夫婦関係が修復不能と考えて反訴を提起したものであり、婚姻関係は破綻している。ＸはＹに対し、慰謝料として300万円の支払義務がある。

第1章　新しい離婚原因　　107

（判断理由）

　XとYとは、性交渉を除き円満な夫婦関係にあったが、平成15年3月に、YがXに対して子供が欲しい旨強く申し入れたのに対し、Xがこれを拒絶し、これをきっかけとして、Xが何の理由も説明しないまま、一方的に離婚を決め、別居を始めた上、本件訴訟や別件訴訟（損害賠償請求訴訟、共有物分割請求訴訟）を提起するなどして、強く離婚を求めた結果、Yにおいても、夫婦関係が修復不能と判断し、離婚を決意するに至ったものである。

　Xは、当初から夫婦関係が存在しなかったとか、Yが家事をしないとか、性格の不一致がみられるなどとし、これが離婚原因である旨主張するが、その主張は不自然極まりなく、到底採用することができない。

　なお、XがAに対して恋愛感情を抱いている趣旨のメールを送信し、Yに秘してAのいた福岡に渡航し、Aに送金していることなどからは、XとAが婚姻前から交際を続けていたことは認められるが、XがAと不貞行為をしていたことまでは推認できない。しかし、XはYとの性交渉を拒否し続けており、一方的に離婚を言い出し、異常とも思える発言を繰り返した。そして、虚偽の事実を作り出して本訴を提起し、印鑑証明書の不正取得やマンションの分割について別訴を提起してYに応訴を求めたりし、これらのことからYが離婚を決意したから、慰謝料額としては300万円が相当である。

コメント

　本件は、双方が離婚を求めていますから、破綻していることは当然ですが、妻が夫に対して慰謝料を請求したことから、破綻の責任について判断されました。

本件の夫婦は、夫が精神科医、妻が外国航空会社の客室アテンダントとして、共に稼働している夫婦で、住宅も持分2分の1ずつの割合で取得したマンションであり、一見、共に自立した夫婦といえます。しかし、妻が夫に、子供が欲しい旨申し入れたことから、夫が明確な理由を述べずに一方的に離婚を求めて、別居し、種々の裁判を提起するなどし、妻も婚姻関係の修復をあきらめたというものです。夫が離婚を求めるようになるまで3年程度しか経過しておらず、夫の側に何らかの事情があったことは推測できますが、判決文からは明らかではありません。夫の離婚の求め方が性急で強引であり、別居に合理的な理由はなく、妻に対する配慮もなく、妻に対し、あえて、損害賠償請求や共有物分割請求などの訴訟を提起し、離婚の意思を貫こうとする態度が一貫しているので、裁判所が夫に専ら破綻の責任があり、慰謝料の支払を命じたのは当然と思われます。それぞれ立派な職業を持ち、自立した現代的な夫婦像のように見えますが、一旦、何らかの理由やきっかけで離婚したいと決意すると、相手方への配慮を全くせず、むしろ、告訴や種々の裁判を提起して攻撃的な行動をすることがあります。夫婦関係は相互の信頼関係に基づいて成り立っているものですから、他方配偶者に対して裁判（本件では印鑑登録証明書の不正取得を理由とする損害賠償請求訴訟、共有物のマンションについての共有物分割請求訴訟）を提起して、応訴を強いるのは、そのこと自体、婚姻関係の破綻を示すものであり、離婚を強いる行為といえるでしょう。

第1章 新しい離婚原因　　109

（夫婦共同生活を築く前の破綻）

【24】　夫婦の婚姻関係は、家事分担のあり方や妻が主に担当することになった家事（特に清掃）に関して、婚姻当初から双方に意見の相違があり、諍いが絶えなかったことによって、夫婦としての安定した信頼関係を形成する間もなく破綻に向かったものであるが、夫の暴力、妻のツイッター書き込みなどがあり、婚姻関係の破綻には双方に責任があるとされた事例

（東京高判平23・9・29（平23（ネ）1502・平23（ネ）3411））

（原審：東京家判平23・1・19（平22（家ホ）510・平22（家ホ）797））

事例の概要

○当事者等

　X：原告（妻　反訴被告、控訴人）

　Y：被告（夫　反訴原告、被控訴人・附帯控訴人）

○事実経過

平11頃	XとYはa社に勤務し、交際したが、数年で終了。
平21．3	XとYが再会し、婚姻。 XはYの家事分担が不十分であるとして不満を抱き、YはXの家事（特に掃除）が不備だと指摘し、家事をめぐって口論となる。YはXとの諍いを自ら開設していたブログに掲載したことがある。 性交渉は月1回程度であり、Yは、自慰補助具を使用したりアダルトサイトを閲覧して自慰行為をした。

平21. 10. 22頃	XとYは引っ越し先探しをめぐって、諍いとなり、YがXに飛び蹴りをし、Xは腰部、左肩、左膝挫傷の診断を受けた。
平21. 11. 11頃	XとYは自宅に移転したが、諍いを繰り返した。
平21. 11〜22. 8頃	Xは、ツイッター（現X）上で、Yに対する不満やYから受けた暴力などの書き込みをしていた。フォロワーは49人いた。
平21. 12. 18	Xが家を出て、以降別居している。
平22. 2	Xは夫婦関係調整調停を申し立て、同年5月不成立終了。 Xは3月頃、Yの上司宛にYの給与等の収入額を明らかにするよう求める電子メールを送信し、また、YがDVで逮捕される可能性があること、出張旅費の横領疑惑や、Yが調停期日に欠席すると勤務先の責任になるなどの電子メールを送信した。

○当事者の主張

〔Xの主張〕

　Xは派遣社員として働き、家事を専ら担当していたが、Yは家事等につきささいなことで罵り、Xを完全に無視するようになった。これはモラルハラスメントである。

　口論の際に、XはYから飛び蹴りをされ、腰部挫傷等の傷害を負った。

　Yはアダルトサイトやアダルトビデオを見ながら自慰行為をしていた。

　Yは、Xとの諍いを自ら開設したブログに掲載し、Xは精神的苦痛を受けた。

　Yのこれらの行為によって、婚姻関係は破綻した。

〔Yの主張〕

　Yの暴行にはXにも非があり、和解が成立している。

第1章　新しい離婚原因　　111

　Yが自慰行為をしたのは、同居当初から喧嘩が絶えず、性交渉の頻度が少なく、性的欲求不満が蓄積していたからである。

　Xは、約9か月間にわたり、フォロワーが49人いるXのツイッター上にYを誹謗中傷する書き込みを繰り返し、共通の知人友人らに閲覧させた。これはYの名誉を毀損し、プライバシー権を侵害するものである。

　Xは、Yの勤務先会社にYを貶める内容の電子メールを送信したり、取引先に夫婦間の問題を持ち込むなどの嫌がらせ行為を繰り返した。

　Xの以上の行為は婚姻関係を破綻させるものである。

裁判所の判断

> 　婚姻関係は、家事に関する諍い、Yの暴行、アダルトビデオ鑑賞、Yの上司に対するXの告知、ツイッターへの書き込み等により破綻したから、双方に責任がある。

（判断理由）

　XとYとの婚姻関係は、主要な原因として、家事分担のあり方やXが主に担当することになった家事（特に清掃）に関して、婚姻当初から双方に意見の相違があり、諍いが絶えなかったことによって、夫婦としての安定した信頼関係を形成する間もなく破綻に向かったものであり、これに、Y側の責任事項として、Yによる暴行やXの意に沿わないアダルトビデオの鑑賞の継続等が、また、X側の責任事項として、XによるYの上司に対するYの暴行行為や横領疑惑の告知、ツイッターへの書込みによるYに対する誹謗中傷等が副次的な要因として加わり、相互の信頼関係及び婚姻関係継続の意思が主観的にも客観的にも失われ、遅くとも本件訴訟においてYから反訴が提起された平成22年

８月23日の時点までに破綻するに至ったものと認めるべきであり、このような経緯をみれば、婚姻関係の破綻については、双方に責任があるといえるから、その一方のみに婚姻関係の破綻についての責任を認めることはできない。したがって、婚姻関係の破綻についてのＸの離婚慰謝料請求は理由がない。

　なお、ＸとＹの個別慰謝料請求について、Ｘの慰謝料請求は、Ｙによる暴行について20万円、Ｙの慰謝料請求は、ＸのＹの上司に対する電子メール送信について５万円と認める。

コメント

　本件は、ＸとＹ双方が本訴と反訴を提起して離婚を求めていますから、破綻していることは明らかですが、双方が慰謝料を請求したことから、その責任をめぐって争いとなったものです。

　本件は、婚姻当初から家事の分担、Ｙのアダルトビデオの鑑賞などをめぐって、諍いが絶えず、Ｙからの暴力もあり、別居、破綻に至ったものです。これには双方に責任があると判断されましたが、特徴的なことは、婚姻当初から諍いが絶えず、安定した婚姻関係が築かれることがないまま、短期間のうちに破綻してしまったことと、ＸがＹの勤務先上司に、ＹからDV被害を受けていることなどのメールを送り、またツイッターにおいて、Ｙを誹謗中傷する書き込みをしたことです。また、Ｙもブログにおいて、Ｘとの諍いを掲示したことがありました。双方が、ブログ、ツイッター、電子メールといった手段を用いて、夫婦間の問題をブログの閲覧者やツイッターのフォロワー、相手方配偶者の勤務先に広め、いわば劇場型にしたことが特色といえます。このように「当初から破綻型」「劇場型」といえるケースが今後増加することも考えられます。

第1章　新しい離婚原因　　113

【25】　夫婦は、インターネットの出会い系サイトを通じて
知り合い、1か月余りで婚約し、その約3か月半後に
は婚姻の届出をし、その後、わずか2週間余り同居し
ただけで別居に至ったというのであり、その婚姻関係
は、通常の夫婦と比較すると、さほど強固なものとし
て形成されていなかったとして、離婚が認められた事
例　　　　　　　　　（東京地判平15・12・25（平15（タ）131））

$$\boxed{\text{事例の概要}}$$

○当事者等
　X：原告（妻）
　Y：被告（夫）

○事実経過

平14. 1	Xは新潟市で薬剤師として勤務し、Yは東京都で個人事業を営んでいたが、インターネットの出会い系サイトを通じて知り合い、電子メールや携帯電話で連絡した。
平14. 2. 16	Xが上京し、初めてYに会い、交際開始し、3月24日婚約。 賃貸マンションを借りるなど結婚準備。
平14. 6. 16	XはYに妊娠したことを告げた。
平14. 7. 7	婚姻届出をしたが、届出についてXY間にトラブルがあった。同月10日に同居予定であったが、Xは上記トラブルもあり、実家に戻り、上京せず、Yに中絶したいと述べ、口論となった。
平14. 7. 21	Yは母親とXの実家に行き、X及び両親と話し合い、結局、同居することになった。

平14. 7. 23	XとYは同居した。 Yの収入及び家計に入れる金額について事前の話と異なる、子供の中絶について意見が分かれるなどのことがあった。
平14. 8. 6	XはYに、中絶し、Yとの生活を優先したいと述べたが、Yは同意せず、口論となり、翌日も続いた。
平14. 8. 7	Xは家を出て新潟に戻った。 その後、XはYに対し夫婦関係調整調停を申し立てたが、同年11月、不成立により終了した。

○当事者の主張

〔Xの主張〕

　XとYは平成14年3月頃からは、口論が絶えず、Yは自分から折れることがない。Yは、金銭に異常な執着をする。

　Xは、同年6月に妊娠したことをYに告げたが、Yは何の配慮も示さなかった。

　Yは、結婚前、月収が100万円程度、手取り月収が80万円程度あり、これを全部渡すと言っていたのに、同居後はこれを覆し、生活費として15万円を渡し、うち14万円の返金を要求した。

　Xは、同月、Yに対し、今回は中絶して二人だけの時間を過ごすことを提案したが、Yは、中絶すれば別れるつもりでしょう、お金を払えば、すぐに離婚届に判を押し、堕胎にも判を押すなどと言って、Xの気持ちを正解しなかった。そこで、Xは、家を出て別居した。さらに、Yが別居後、口論の際、返せと怒鳴っていた婚約指輪を購入した店に受け取りに行ったり、Yが経営していると言った会社が存在しないことが判明し、XはYに対する不信感を強めた。以上からすれば、XY間には婚姻を継続し難い重大な事由がある。

第1章　新しい離婚原因　　115

〔Yの主張〕

　XとYは、平成14年7月10日から同居開始の予定であったが、13日、Xが子供を中絶したいと言ったため口論となり、16日も同様のやり取りがあり、YはXの実家に赴き、Xと話し合い、23日に同居することになった。

　Xは同年8月7日、Yに子供を中絶したいと述べ、話合いの後、突然、「お世話になりました。出ていきます。」と述べて家を出た。その後、XはYの連絡に応じることなく、同月23日、子供が死産したとの電子メールを送信したのみであった。

　Yは、誠意をもってXと接してきており、Xの意思を尊重し、妊娠後は、Xと子供の安否を気にかけていた。

$$\boxed{\text{裁判所の判断}}$$

　XとY間の婚姻関係は、さほど強固なものではない。同居期間と比して長期の別居期間が経過し、Xの離婚意思は固いから、婚姻関係は破綻しており、婚姻を継続し難い重大な事由がある。

（判断理由）

1　Xは新潟市で薬剤師として勤務し、Yは、東京都で事業を営んでいたが、インターネット上の出会い系サイトを通じて知り合い、交際を開始し、婚約するに至った。

　　YはXに会社経営者である旨の名刺を渡したが、実際には、その会社は存在しなかった。

　　XとYは、平成14年7月7日、婚姻届を提出するべく区役所に赴いたが、Xがつわりのため気分が悪いとして椅子に腰かけたところ、

Yは、これを婚姻届の提出に対する拒否反応ではないかと考え、X
に婚姻届を返還させ、再度、婚姻届を提出した。その間、YはXに、
別れたいのか、婚姻までに800万円出したなどと述べた。

XとYは、同月10日から同居することを予定していたが、Xは上
記のことから同居する気にならず、10日に上京せず、その後、中絶
をめぐってYと口論となるなどしたが、結局、同月23日、同居する
に至った。

Yは婚姻前、手取り月収が80万円程度あり、これをXに全部渡す
と述べていたが、同居後、8月1日、15万円を渡したのみであり、
うち14万円の返還を求めた。

その後、中絶をめぐって口論となり、Xは婚姻関係を継続できな
いとして、8月7日、家を出て、別居に至った。

2　上記のとおり、X及びYは、インターネットの出会い系サイトを
通じて知り合い、初めて会ってから1か月余りで婚約し、その約3
か月半後には婚姻の届出をし、その後、わずか2週間余り同居した
だけで別居に至ったというのであり、もともと、XY間の婚姻関係
は、通常の夫婦と比較すると、さほど強固なものとして形成されて
いなかったといわざるを得ないところ、その後、現在において、既
に同居期間とは比較にならない程度の別居期間が経過し、その間、
家庭裁判所の調停を経て本訴に至っても、Xの離婚の意思は固く、
その意思は、Yが婚姻の継続を希望し、反省すべき点は反省するな
どの姿勢を示しても変わらないというのであるから、現時点におい
て、XY間の婚姻関係が回復及び継続が期待できない程度にまで破
綻していることは明らかであり、したがって、XY間には、婚姻を
継続し難い重大な事由があるというべきである。

3　婚姻関係破綻の主たる原因は、Yにあり、Yは慰謝料として50万
円の支払義務がある。

第1章　新しい離婚原因　　117

コメント

　本件は、新潟と東京に居住していたＸとＹがインターネット上の出会い系サイトを通じて知り合い、その後も電子メールや携帯電話で連絡を取り合っただけで、実際に会ったのは、１か月後であり、その１か月後には婚約し、妊娠し、婚姻したという夫婦の事案です。

　時代を反映した事案ともいえるでしょう。そして、判決理由で述べられているように、短期の間に婚約、婚姻をした後、２週間余りの同居をしたが、その後別居に至ったという、慌ただしい経過を辿ったものです。お互いの考え方、性格などをよく把握しないで、表面的な情報のまま婚姻したが、当初から、婚姻届や妊娠といった重要なイベントについて、互いの感情や意見を調整することができず、また、生活費についても想定との齟齬があり、信頼関係に基づいて婚姻共同生活を構築する前に、破綻に至った、あるいは、共同生活構築に失敗した事案といえます。従来型の、ある程度、実態のある婚姻共同生活の経過の中で様々要因で葛藤が高まり、破綻に至ったというような事案とは様相を異にしています。出会い系サイトなどで知り合い、現実の接触が薄く、十分な情報を欠いたまま婚姻に至るなどのことは、今後、一定、増える可能性のある事案といえるでしょう。なお、別居期間は１年程度ですが、同居期間が２週間余りですから、十分に長期といえるので、これ自体で破綻が推認されるところ、別居の原因は主としてＹの配慮不足や生活費に関する約束の相違などにあったのですから、Ｙは破綻に有責であり、Ｙに対する離婚請求が認められたものです。

第1章　新しい離婚原因

【26】　婚姻関係は、実家や親族を重視する夫と夫婦関係を大事に考える妻との考え方の隔たりや金銭感覚の違いなどが要因になって次第に亀裂が深まり、破綻したものと認められるから、本件婚姻の破綻原因は基本的に夫婦双方にあるものというべきであるが、どちらかといえば、婚姻関係の破綻について夫に非があるとされた事例

（東京地判平15・3・10（平14（タ）671・平15（タ）73））

事例の概要

○当事者等
　X：原告（夫　反訴被告）
　Y：被告（妻　反訴原告）

○事実経過

平13.　3	Xは静岡県浜松市の会社勤務、Yは東京都在住で会社勤務であったが上司らの紹介で交際し、婚約した。
平13.　5	XとYは結婚式を神戸のホテルで行うことを決めたが、Xは実家に帰省した折、独断でキャンセルした。その後、Xは実家の意向で、結婚式を東京都の式場で行うことを強く主張し、Yはこれに従った。その際、Xは、新婚旅行の費用は自分が負担すると言った。
平13.　9.　1〜2	浜松の新居に引っ越し。 Yが週末に浜松に赴きXと一緒に過ごし、月曜日に東京に戻る生活。
平13.　9.　4	婚姻届出。 9日結婚式。

平13. 12. 11〜18	タヒチに新婚旅行。
平13. 12. 21	YがXに手紙：Xの勤務地を東京に変更する、銀行口座通帳等をYに渡す、Xの実家への帰省は年に1度、日帰り、子の名付け親はY、Xは食事の際の作法に気を付ける、浮気疑惑の場合は離婚に応じるなどの内容であった（以下「本件手紙」という。）。
平14. 1	XはYに新婚旅行の費用の半額の支払を求める手紙を書いた。 Xは同月26日、Yに離婚届出用紙を送付した。
平14. 7. 18	Xの申し立てた離婚調停が不成立。

※備考　Xは離婚と慰謝料300万円の支払を請求し、Yは反訴で離婚と慰謝料400万円の支払を請求した。

○当事者の主張

〔Xの主張〕

　Yは、婚姻後正当な理由なく同居しなかったこと、身分不相応に贅沢であったこと、Xが年2回、数日帰省することを禁止したり、子の名付けをYの一存で決めることを要求するなど極度にわがままであること、正当な根拠なくXやその親族を非難したことなどにより婚姻関係が破綻したのであるから、Yは、Xに対し、慰謝料として300万円を支払う義務がある。

〔Yの主張〕

　Xは、Yとの間で決めた結納や結婚式の日取り、場所等をXの母の意向に従って反故にしたこと、結納の席で同居しなくていいというXの母の言葉に従う趣旨の発言をしたこと、自分は実家の墓に入るが、Yは他人であるからYの実家の墓に入ればいいとか年末年始は実家に一人で帰るなどの発言をし、Yを家族の一員として扱わなかったこと、

必要な生活費の支給を拒んだことなどにより婚姻関係が破綻したのであるから、XがYに対して慰謝料として400万円の支払義務がある。

裁判所の判断

XとYの婚姻関係は、実家や親族を重視するXと夫婦関係を大事に考えるYとの考え方の相違等が要因で破綻したが、説明をせずに新婚旅行費用の支払を求めるなどしたXに若干の非がある。

（判断理由）

1　XとYは、平成13年3月婚約し、結婚式を同年10月に神戸市のホテルで、披露宴を東京で行うことを決め、結婚式場の仮予約を入れたが、Xは同年5月に実家に帰省した後、Yに相談せずキャンセルした。

　その後、Xは実家の意向を踏まえて、結納と結婚式を東京都目黒ですることを主張し、Yもこれに従った。その際、Xは新婚旅行の費用は自分が負担すると言った。

　Xの母が結納の席で、急いで同居する必要がないと発言し、Xもこれに同調し、YはXの母が自分を嫁として歓迎していないと思い、Xの主体性のなさにも不安を覚えた。YはXから自分の墓は実家にあるから互いに実家の墓に入ればよいとの発言もされた。

　Yは、Xの従来の発言等から不安を感じ、直ちに同居することをためらい、週末に浜松で過ごす生活を送りXもこれを容認していた。Xは同年、年末年始を実家で過ごすことをYに申し入れたが、抗議され、日帰りで行くことになった。

　YはXに対し、同年12月、年末年始を二人で過ごす生活費として

第1章　新しい離婚原因　　　121

　10万円を渡すように求めたが、Xは贅沢であるとして拒んだので、Yは感情的になり本件手紙を書いた。

　Xは、平成14年1月、Yに対し、新婚旅行費用の半額約60万円を送金することを求める手紙を出した。

　Yは本件手紙を出したことを反省し、母と共にXに謝罪し、Xの実家にも謝罪することになったが、東京に戻ったところ、Xから新婚旅行費用半額支払を求める手紙が届いたため、Xの実家への謝罪の手紙を書くのをやめた。Yは現在では離婚意思を固めている。

2　上記認定事実によれば、XとYの婚姻関係は、実家や親族を重視するXと夫婦関係を大事に考えるYとの考え方の隔たりや互いに金銭感覚の違いなどが要因になって次第に亀裂が深まり、破綻したものと認められるから、本件婚姻の破綻原因は基本的にXY双方にあるものというべきである。ただ、Yは、本件手紙を出した後、自己の非に気付いてXに謝罪し、Xもこれを受け入れる態度を示していた。ところが、その際にXがYに出した新婚旅行の費用を求める手紙についてYに説明をしなかったため、再びYの感情を害する結果となり、破綻を決定的にした事実が認められる。したがって、上記経緯のほか、これらの事情を併せ考慮すれば、本件婚姻の破綻原因がXY双方にあるとはいうものの、Xに若干の非があると認め、Xに慰謝料50万円の支払義務を負担させるのが相当である。

コメント

　本件は、双方が離婚を請求していますから、破綻していることは明らかです。ただ、双方が慰謝料を請求したことから、裁判所は、破綻についての責任の所在を検討したものです。

　Xは主体性がなく、実家を重視し、特に母親に同調してYと誠実に

向き合わず、Yは、Xの主体性のなさや実家重視の姿勢から同居をためらい、感情的になって非常識ともいえる本件手紙を送付しました。結局、Xが説明をしないまま、一旦自分が支払うといった新婚旅行費用の半額の支払を求める手紙をYに出したことが破綻を決定付けたようです。このことから、裁判所は、双方に破綻の責任があるが、Xにより責任があると判断したものです。当初から、結婚式場の選定などで円滑を欠き、婚姻後も週末のみ一緒に過ごすという形であったところ、実家重視か夫婦関係重視かという双方の感覚の相異が激しくなり、破綻に至ったもので、婚姻共同生活関係が構築される前に、破綻してしまったと思われます。ＸＹ双方ともに会社勤務の社会人でしたが、人生の背景や考え方が相違する者の婚姻の難しさを感じさせる事案といえます。また、Xの側に実家の意向に動かされる傾向があり、Yとの共同生活を構築する柔軟な姿勢に欠けたこと、Yも感情的に行動する傾向があり、双方が柔軟に対処する姿勢に欠けたことも指摘できるでしょう。その意味で、これからも起こり得る類型の事案でしょう。

第1章　新しい離婚原因　　123

【27】　　国際結婚に伴う諸々の障害とりわけ相互理解を深め
ることについて互いの性格、能力が十分でなく、両者
の関係は深刻となっていたが、関係改善の努力はされ
ず、率直な気持ちの交換の機会を持たないまま、関係
は悪化していった。妻は信頼感あるいは愛情の深さを
夫に対して実感できなかったことが婚姻関係の破綻事
由であるとされた事例

(東京地判平7・12・26判タ922・276)

事例の概要

○当事者等

　X：原告（夫　反訴被告）

　Y：被告（妻　反訴原告）

○事実経過

昭57. 1	婚約。Xは日本国籍、Yはイタリア国籍。
昭58. 3	婚姻。Xは大阪大学医学部通学、Yは東京芸大常勤講師。 週末を共に過ごす。
昭60. 3	Xは医学部を卒業して東京に移転し、Yと同居を始めるが、4月の医師国家試験に不合格。7月頃から実家の横浜市に移転してYとは別居。
昭60. 10	YはXに、子らをヨーロッパで教育させる、離婚の場合、子らをYに引き渡すとの書面を書いてもらった。Yは双子を出産した。
昭61. 3	Yは子らとイタリアに移った。
昭61. 4	Yは日本に戻り、Xに協議離婚を申し入れたが、X

	は拒否した。また、離婚調停を申し立てたが、不成立となった。Xは研修医となった。
昭61. 10	Yはローマ民事地方裁判所に別居等を求める訴訟を提起した。
平元. 10	ローマ民事地方裁判所は、別居を宣言し、子らの養育をYに委ね、Xに養育費の支払を命じる判決を言い渡した。
平4. 10	ローマ高等裁判所は、おおむね、ローマ民事地方裁判所の判決を維持した。
平5. 9	東京家裁は、Xの同居請求を却下し、子らに対する引渡請求を却下した。Xは抗告したが、高裁は棄却した。

※備考　Xは、離婚と親権者指定、慰謝料を請求して、本訴を提起し、Yは、反訴として、離婚と親権者指定、養育費を請求して反訴を提起した。

○当事者の主張
〔Xの主張〕

Yは生活の本拠をイタリアに置き、Xとの夫婦共同生活を拒み続けている。これは悪意の遺棄である。

Yは、イタリアの両親への精神的依存度が高く自立していない。

YはXの夫婦関係回復の努力に応じず、子らをXに会わせなかった。

Yは、Xの勤務先病院長に手紙を出し、Xを侮辱し、Xの給与をYに送付するように要請し、Xのプライバシーを侵害した。

〔Yの主張〕

Yは婚姻当初から別居生活を余儀なくされ、実質的な同居生活は昭和60年3月から同年7月までにすぎない。

XとXの両親はYに経済的援助をしなかった。

Yは、Xの生活態度や無責任な性格等に対する不信感が強く、円満な夫婦関係を回復することができない。

第1章　新しい離婚原因　　　125

裁判所の判断

　双方が離婚を求めており、婚姻を継続し難い状態にある。同居期間は4か月である。XとYは、相互理解を深めた相互協力が不十分であった。Yがイタリアに帰国したことも、YのXに対する信頼感を持てなかったことに原因があるが、その責任をYだけに帰することはできないから、悪意の遺棄とはいえない。Xの慰謝料請求は理由がない。

（判断理由）

　XとYは国籍を異にするから相互に理解しようとする不断の努力と愛情の深さがなければ婚姻関係の継続に困難が伴う。婚姻当初2年間の別居は痛手であった。破綻に対し、いずれが原因を作ったというより、国際結婚に伴う諸々の障害とりわけ相互理解を深めることについて互いの性格、能力が十分でなかった。

　YがXに生まれてくる子の養育問題について書面を書かせた時点で、両者の関係は深刻となっていた。しかし、関係改善の努力はされなかった。その後、率直な気持ちの交換の機会を持たないまま、関係は悪化していった。子らの出生後Yはイタリアに戻ったが、Yは仕事を断念するかどうかの問題があり、Xが現実的でしっかりした解決案を提示しなかったこともあり、Yの態度だけを非難することもできない。いずれにしても、Yは経済的、精神的にXから支援が得られるか不明であり、異国で家庭生活を営むことに伴う困難を互いの協力で乗り越えていくだけの信頼感あるいは愛情の深さをXに対して実感できなかったことになり、その責任をYのみに帰せしめることはできない。

コメント

　本件は、本訴・反訴において双方が離婚を求めているので、破綻していることは明らかですが、Ｘが慰謝料請求をしたので、その責任がいずれにあるかが問題とされました。本件は、医師と大学講師というハイレベルのしかも国際結婚の夫婦というかなり特殊な事案ですが、妻がイタリア人で同居期間も短く、母国に戻ってしまったというもので、国際結婚において生ずる困難性も破綻に寄与しているといえるでしょう。つまり、婚姻当初から生活の本拠が異なっており、実質的な同居期間は４か月程度でした。そして、妻Ｙが外国籍であり、妊娠したことからも、相互理解の努力がより強く求められたのに、互いに率直な話合いをすることなく、Ｙの不信感が募り、母国に子らを連れて帰国し、別居状態となってしまったのです。裁判所は、双方のどちらが婚姻関係の破綻について責任があるというより、相互理解を深める努力が双方に欠けていたと判断したのです。国際化に伴い、国際結婚も一定数あると思われますが、相互に文化的背景や法制度等が異なりますので、日本人同士の結婚以上に相互理解、信頼関係醸成のための努力が必要となると思われます。本件は、そのような努力が不足し、信頼関係に基づく共同生活関係を構築するまでに至らなかった事案といえます。

　国際結婚に伴う婚姻関係破綻の一例を示す事例といえるでしょう。

第1章　新しい離婚原因　　127

（夫婦関係が一旦修復された後の離婚請求）

【28】　夫が妻の不貞行為を一旦宥恕した場合、その後夫婦関係が破綻するに至った時は、夫が既に宥恕した不貞行為をもって有責配偶者からの離婚請求と主張することは許されないとして、妻からの離婚請求が認められた事例　　（東京高判平4・12・24判時1446・65）

（原審：横浜地判平4・4・24（平2（タ）283））

事例の概要

○当事者等

　X：原告（妻　控訴人）

　Y：被告（夫　被控訴人）

○事実経過

昭45. 12	婚姻。長男（昭和46年生）、二男（昭和48年生）、三男（昭和51年生）が出生した。
昭58	XはA会社に営業社員として就職した。
昭60. 6	XとYは買い物に出掛け、途中で別れたが、Xは夕食時を過ぎても帰宅せず、Yは立腹し内から鍵を施錠した。Xは、スナックに寄った上、独身のB宅に泊めてもらった。 その後夫婦関係は悪化し、7～8月、XはBと同居した。
昭60. 9頃	Xは自宅に戻りYに謝罪し、YはBとの不貞行為を宥恕する旨の意思を表明した。以後4、5か月間は婚姻関係が平穏であり夫婦関係も復活した。
昭61～	YはXとBとの関係を疑い、Xを責めるようになり、

	Xは Y を嫌悪し夏以降は性交渉も拒否するようになった。Y は深夜まで泥酔して帰宅するようになり、家計にも月15万円程度しか入れなくなった。
昭63. 4	Y は会社を辞め、アイスクリームと焼きそばの店を開店したが、うまくいかず、X に渡す生活費も月 8 万円となり、Y は正月にも帰宅しなかった。
平元. 3	Xは Y と縁を切ることを決意し、マンションを借りて、子らを連れて転居した。以来、Y は生活費を渡さなくなった。
平元. 6	Xは Y に対し婚姻費用分担調停を申し立て、平成 2 年 5 月、Y は子らの養育費の分担として月 8 万円を支払えとの審判がされた。
平2. 12	Xは本訴を提起した。

※備考　口頭弁論終結時、長男は21歳で会社員、二男は19歳で大学生、三男は16歳で自衛隊員である。

○当事者の主張

〔Xの主張〕

　婚姻関係は既に破綻している。Yは X と B との不貞行為は既に宥恕しているから、これをもって X が有責配偶者と主張することはできない。

〔Yの主張〕

　婚姻関係の破綻は X の不貞行為によるから、X は、有責配偶者であり、X の離婚請求は許されない。

裁判所の判断

　婚姻関係は既に破綻している。Y は X と B との不貞行為を宥恕しているから、その後夫婦関係が破綻するに至った時は、既に宥恕し

第1章　新しい離婚原因　　129

た不貞行為をもって有責配偶者からの離婚請求と主張することは許されない。Xの離婚請求は認容すべきである。

（判断理由）

　ＸＹ間の婚姻関係は既に破綻し、回復の見込みはない。

　旧民法814条2項、813条2項は、妻に不貞行為があった場合、夫がこれを宥恕したときは、離婚の請求を許さないと定めていた。これは、宥恕があった以上、非難を蒸し返し有責性を主張することは許さないとの趣旨であり、これは現民法の下においても妥当し、相手方配偶者が不貞行為を宥恕したときは、その不貞行為を理由に有責性を主張することは宥恕と矛盾し、信義則上許されないというべきである。

　本件では、ＹはＸとＢとの不貞行為について宥恕し、その後、4、5か月間は通常の夫婦関係を持ったから、その後、夫婦関係が破綻するに至ったとき、一旦宥恕した過去の不貞行為を理由として有責配偶者からの離婚請求と主張することは許されず、裁判所もこれを理由として、本訴を有責配偶者からの離婚請求とすることは許されない。したがって、ＸとＹの婚姻関係は破綻し、婚姻を継続し難い重大な事由があるときに該当するから、Xの請求は認容すべきである。

コメント

　本件は、かつて不貞行為を行ったXからの離婚請求であり、Ｙは、これを有責配偶者からの離婚請求であると主張しました。原審はXの離婚請求を棄却しました。しかし、控訴審裁判所は、Ｙが一旦、Xの不貞行為を宥恕し、しばらくの間、通常の夫婦関係が回復したことから、旧民法の規定を援用して、Ｙの有責配偶者の主張は信義則違反として許されないとしました。同様の判断をした裁判例は見当たらないようです。この判断に対しては、真に宥恕があり、夫婦関係が回復し

たのであれば、信義則の適用というより、後の破綻原因と先の不貞行為は因果関係がないということもできる、また、Yは真意では宥恕していなかったが、Xは宥恕されたと思っていたのに、YがXの不貞継続を疑い、責めたというのであれば、Xを有責配偶者といえるとしても、最終の破綻の責任はそのようなYの態度にあるともいえるとの見解があります（岡光民雄「民法49　自己の不貞行為につき夫の許しを得た妻からの離婚請求」西村宏一＝倉田卓次編『平成5年度主要民事判例解説』判例タイムズ852号125頁（1994））。

　なお、本件における別居理由は、夫が一度は許すとした過去の不貞行為にこだわったり、夫が家計に入れる生活費が少なくなったなどのことから、妻が夫との縁を切りたいと考えて家を出たことであり、別居期間は既に約3年に及んでいます。そうすると、このことから、既に破綻が推認されると考えてよいでしょう（武藤裕一＝野口英一郎『離婚事件における家庭裁判所の判断基準と弁護士の留意点』179頁（新日本法規出版、2022）参照）。そして、次に妻が有責配偶者かどうかが問題となりますが、破綻について有責性がどちらにあるかの判断になり、妻の過去の不貞行為、一旦、夫がこれを宥恕したこと、その後、夫がこれを蒸し返したことなどの事実経緯を総合して検討することになると思います。そうすると、本件については、不貞行為の宥恕という論理を用いなくとも、最終的な破綻についての有責性はむしろYの方が大きいといえますから、離婚請求は認容されると思われます。

　いずれにしても、本事案は、不貞があったが、相手方配偶者がこれを一旦宥恕したこととその後の婚姻関係の破綻をどのように考えるかについて事例を提供するものといえるでしょう。

＜参考判例＞

〇有責配偶者からの離婚請求が認容された事例（最大判昭62・9・2判タ642・73）

第1章　新しい離婚原因　　131

【29】　　長期間の単身赴任等による別居を理由とする夫から
の離婚請求であるが、一旦、夫が関係修復を申し入れ
たことで夫婦関係は実態を取り戻しており、改めて夫
が離婚を申し入れた以降の別居期間は2年7か月にと
どまり、それほど長期には及んでいないことなどを理
由として、破綻が否定された事例

（東京家判令元・8・30（平30（家ホ）132））

事例の概要

○当事者等

　X：原告（夫）

　Y：被告（妻）

○事実経過

平2	婚姻。
平4〜9	長女ないし三女が出生。
平9	Xが台湾に単身赴任。
平10〜12	一家は台湾で生活、帰国後社宅で生活する。
	XはYとの性交渉が乏しいことなどに嫌気。
平13.　7〜	Xは社宅を出て、単身、5年間埼玉県で居住。台湾
	で知り合った女性と同棲。
平18.　8〜23.　3	Xは中国深圳へ単身赴任。現地女性と同棲。
平23.　3	XはYに夫婦関係修復を申し入れ、Yもこれを受け
	入れた。
平23.　3〜12	Xは社宅とは別の住居を借りていたが、社宅を訪問
	して家族団らんを持った。
平23.　12	Xは上海異動、単身赴任。Yとメールでやり取りし、

	一時帰国の際には、家族と団らんした。一方、深圳での同棲相手と再度交際。
平26. 9	Xは交際相手との間に子をもうけたが、女性とは別れた。
平28. 12	YにXの過去の交際が判明した。 XはYに離婚を申し出た。
平29〜	Xは別の女性と上海で同棲している。Yは社宅で三女と生活し、長女と二女は独立した。

○当事者の主張

〔Xの主張〕

　Yは、平成10年頃から性交渉を拒否するようになり、夫婦の触れ合いもなくなった。平成13年に別居して以来、現在まで別居している。YとはXの帰国時に家族で外食する程度の交流しかない。YもXに社宅に戻るように求めたり、関係の修復を求めたことはない。

　女性関係は否定しないが、これが破綻原因ではない。

〔Yの主張〕

　社宅が手狭であったからXが近くにアパートを借りたが、XとYは共に外食したり、Xが社宅を訪問するなど家族としての生活を送った。上海は単身赴任にすぎず、Yは上海に遊びに行っている。

裁判所の判断

　Xは別居して不貞に及んでいるが、Xが関係修復を申し出て、夫婦関係を取り戻している。現在は、新たな別居といえるが、2年7か月にとどまる。そして、Yが婚姻継続の意思を失っておらず、Xの翻意の余地もあるから、客観的には破綻に至っていない。

第1章　新しい離婚原因　　133

（判断理由）

　Xは、平成13年7月に婚姻生活継続の意欲を失い別居を始め、その状態は平成23年初めまで10年近く継続したものの、Xが関係修復を申し入れたことで別居は実質的に解消され、XYの夫婦関係は実態を取り戻しており、両名は平成28年12月まで円満な関係を維持していた。同月、改めてXは離婚を申し入れており、それ以降Xが上海に住んでいる状態は新たな別居と評価することが可能であるものの、現在までの期間は2年7か月にとどまり、現状の別居期間はそれほど長期には及んでいない。

　また、Xが現在の同棲相手と別れた場合には、過去と同様に離婚を翻意してYとの関係修復を希望するようになる可能性もないとはいえないし、Xの婚姻生活への不満の一つであった育児を中心とする夫婦関係のあり方も、子らが全員成人し長女と二女が既に独立したことで、現在は状況が変化している。さらに、Xが別居して不貞に及んだにもかかわらず、YはこれまでXを責めずにいる。

　以上のほか、Yが婚姻継続の意思を失っていないこと及び夫婦間に婚姻継続を困難とするような障害がないことも併せ考慮すると、XとYの婚姻関係は、Xが同棲相手との恋愛関係を前提に現状では婚姻継続の意思を失っているにしても、翻意の余地はあり、かつXが翻意さえすれば修復は十分に可能であるというべきであり、客観的には破綻に至っていないものと認められる。

$$\boxed{\text{コメント}}$$

　本件は、会社員の夫が海外への単身赴任を繰り返し、国内でも社宅とは別に住宅を借りて単身生活をし、その都度、海外で知り合った女性と同棲するなど不貞行為をしており、現在も別の女性と上海で生活

しているというものです。その背景には、夫の妻に対する性交渉の乏しさや夫婦関係に対する不満があったのですが、夫の海外赴任が多く、その期間も長期に及んだことから夫婦関係が冷却したという事案です。その間、妻が夫の責任を問い詰めなかったことから夫の不貞がエスカレートしたという面もあるでしょう。会社によっては、海外赴任が頻繁、長期に及ぶということがあり、本件は、そのような事情を反映した事案だといえます。本件事案においては、裁判所は、従来の夫の度重なる不貞行為にもかかわらず、妻がこれを余り責めず、家族としての実態はあったとし、また、一旦は、夫が修復を申し入れ、妻もこれを受け入れて、5年程度は平穏な家族関係が保たれていたとし、その後の新たな別居と不貞行為については、別居期間がさほど長期でなく、再度の修復の可能性は否定できないとしたものです。これは、現時点の別居が海外赴任であることからもそのように解されたのではないかと思われます。もっとも、従来からの長期間にわたる別居生活とその間の不貞行為、現時点も女性との同棲が続いていること、夫は離婚の意思を表明していることからすれば、既に破綻しているとの評価もあり得ると思われます。その場合には、破綻についての夫の責任が大きいので、有責配偶者とされ、信義則上、離婚請求を認めるべきかが問題となります。本件では一旦夫婦関係が修復されたことから、その後の事情を重視すべきですが、その後の別居期間が2年7か月ですから、夫が有責配偶者としても、別居期間から考えても離婚請求を認めるのは困難ではないかと思われます（最大判昭62・9・2民集41・6・1423参照）。

<参考判例>

○別居期間が長期に及んでおり、夫婦関係は形骸化し、婚姻関係は深刻に破綻しているとされ、有責配偶者からの離婚請求が認容された事例（福岡高那覇支判平15・7・31判タ1162・245）

第 2 章

別居の期間・理由・態様

136

第2章　別居の期間・理由・態様　　137

（別居期間）

【30】　共働きの夫婦において、家計を管理していた夫に対する妻からの、デリヘル利用やゲーム課金が浪費であること等を理由とする離婚請求について、これらは浪費であるが、離婚事由として評価するほどのものではなく、別居期間も2年程度であることなどを理由として、破綻が否定された事例

（横浜家判平31・3・27（平30（家ホ）6））

―――――――――――――――――――――――

事例の概要

○当事者等

　X：原告（妻）

　Y：被告（夫）

○事実経過

平21. 11	婚姻。 長女と二女が出生した。 XとYは共働きであり、それぞれの小遣いを5万円、Xは食費、教育費等子らの費用を、Yは住居費、水道光熱費を負担するなどの合意をしていた。家計全体の管理はYがしていた。
平28. 5	Xは家計の月収支が赤字であり、預貯金もほとんどないことを知った。
平28. 6～12	Yは計8回、異なるデリヘル業者に電話をかけ、少なくとも8回目の際には性的サービスを受けた。また、10月以降、課金を伴うスマホゲームをするよう

	になり、口座引落しが残高不足でできなくなること があった。
平29.　1	XがYのデリヘル業者への電話やゲーム課金等を知 った。
平29.　2.　5	Xが子らを連れて実家に行き、以来別居している。 XはYに対するメールで、Yの浪費やYがXの話を 聞かなかったことなどを理由として離婚を求め、Y は謝罪する一方、離婚は望まないとのメールをした。
平29.　3	XはYに対し離婚を求めた。
平29.　5	XはYに対し離婚調停を申し立てた。
平29.　10	調停は不調となった。
平30.　1	XはYに対し本件訴訟を提起した。

○当事者の主張

〔Xの主張〕

Yの複数回の風俗店利用は不貞行為に当たる。

Yはゲーム課金など約500万円の浪費をした。

Yは浪費補填のために、無断で夫婦の貯蓄であった預金口座だけでなく、子ら名義の預金口座からも多額の預貯金を引き出した。

Yは家庭に向き合おうとせず、ADHDを伴うアスペルガー症候群と診断されている長女の療育について、Xの提案を無視し、否定的な態度を示してきた。

〔Yの主張〕

デリヘル利用は1回だけである。今後は利用しないから不貞行為に当たらない。

子ら名義の預金口座からの引き出しは生活費に充てるためであった。

長女はグレーゾーンとの説明を受けた。

Ｘとの話合いにより、関係修復の余地があり、子らとの面会も円滑である。

裁判所の判断

Ｙに離婚事由に該当するほどの不貞行為があったとはいえない。

ゲーム課金等を含めても、Ｙに離婚事由に該当するほどの浪費があったとはいえない。

別居期間は約２年にとどまり、８歳と５歳の子があることを考慮すれば、関係が修復される余地はある。

（判断理由）

仮にＹに数回のデリヘル利用があったとしても、Ｙは発覚当初からＸに謝罪し、今後利用しない旨約束しているから、この点のみをもって、離婚事由に当たるまでの不貞行為があったとは評価できない。

Ｙの約33万円余のゲーム課金については、クレジットカード代金の引落しができない事態に至ったことからみても、明らかに浪費と認められ、また、ほぼ同時期である平成28年12月のデリヘルの利用についても、浪費に当たると認められる。

しかし、ＸとＹの収入、家族構成等を併せ考慮すると、ゲーム課金等を含めても、離婚事由として評価すべきほどの浪費があったということはできない。また、ＹがＸの意向を全く無視して独断専行の家計管理を続けていたとは認められない。

そして、Ｘは、平成29年１月11日にゲームの課金が発覚した後、同年２月５日に別居し、同年３月までには弁護士に離婚問題を相談し、程なく離婚調停を申し立て、不成立となった後に本件訴訟を提起して

いるが、その間、Yは基本的に関係修復を望み、Yなりに誠実な対応を続けてきた。

以上に併せ、婚姻から別居までの同居期間は約7年3か月に及び、両者間にはいまだ8歳と5歳の2人の子があること、別居期間は未だ約2年にとどまることを総合考慮すると、XとYの婚姻関係が現時点で破綻しているとは認められず、問題となった家計管理のあり方等を含め、両者が改めて真摯に協議することにより、関係が修復される余地は十分あると認められる。

コメント

本件は、共働きの夫婦間で、小遣いや家計の負担等について取り決め、夫が家計全体の収支を見ていたが、夫がデリヘル利用やゲーム課金に費消し、家計収支が赤字になったことなどから妻が不信感を抱き別居に至ったものであり、一般化しつつある共働き夫婦の家庭で起こり得る事案といえます。本件では、裁判所は、夫のデリヘル利用は離婚事由となるほどの不貞行為とまではいえず、デリヘル利用やゲーム課金は浪費ではあるが、離婚事由となるほどのものではないと評価しました。そして、未成熟子がいることや、別居期間が2年で、さほど長期にわたっていないことを総合して、夫婦間の真摯な協議により関係修復の可能性があると認めたものです。デリヘル利用やゲーム課金料金がそれほど頻繁、多額でなかったこと、その後の夫の関係修復に向けての態度が評価されたものと思われます。ただし、Xがあらかじめ弁護士に相談した上、別居、調停申立てを経て本訴提起に至っていることからすれば、Xの離婚意思は固く、関係修復は困難であることが予想されます。しかし、別居期間は2年であり、離婚が認められる相当期間は、現在の実務では3年以上であるとの見解（武藤裕一＝野口

英一郎『離婚事件における家庭裁判所の判断基準と弁護士の留意点』179頁（新日本法規出版、2022））によれば、基準を満たさないことになりそうです。もっとも、3年以上という基準は、「婚姻制度という身分法秩序の維持や経済力のない妻の保護といった公益的ないし後見的見地」からのものであるとすれば（武藤＝野口・前掲178頁）、本件では、経済力のない者の保護の点は余り関係がなく、公益的、後見的見地をどこまで重視する必要があるか疑問の余地もあります。その意味でも本件は、今後、共働き夫婦の家計管理をめぐる紛争と離婚事由の関係、別居期間や修復可能性をどの程度考慮すべきかの点などについて参考事例を提供するものということができます。

＜参考判例＞

○夫が風俗業の女性と交際し、遊興費に多額の支出をしたり、貯蓄を投機行為によって全て失うなどしたことによって婚姻関係が破綻したと認められた事例（東京地判平26・4・25（平25（ワ）6943））

142 第2章 別居の期間・理由・態様

【31】 3年を超える別居期間があり、双方に有責行為はな
いが、妻が一貫して離婚を求め、夫の側も妻を関連会
社の登記簿上の代表者から外し、妻名義の生命保険契
約等の名義を変更し、子らのパスポート更新手続への
協力を拒絶するなどしたことで信頼関係が喪失したと
して、妻の離婚請求が認められた事例

（東京高判平30・6・20（平30（ネ）46））

（原審：さいたま家判平29・11・28（平27（家ホ）304））

事例の概要

○当事者等

X：原告（妻　被控訴人）

Y：被告（夫　控訴人）

○事実経過

昭61. 6	婚姻。Xはa国国籍、Yは日本国籍。 長女（平成13年生）、長男（平成17年生）、二男（平成19年生）がいる。
平12頃〜	Yは株式会社fの代表取締役を務めている。 Xはfの関連会社gの代表取締役として登記されていた。
平24. 12	XはYに離婚の希望を告げた。 Yは、b住宅の自室をYの母の居住区画の部屋に移した。以降、XとYは炊事、洗濯等を別々にするようになった。 YはXと子らの生活費を負担。
平25. 5〜8	Xについてgの代表取締役の退任登記がされ、Yの

	母が代表取締役として登記された。生命保険契約の契約者がXからYの母に変更された。X名義の土地建物についてY、Yの母、妹に対する所有権移転登記手続がされた。
平25. 7	XはYに離婚申入れ。 Xは9月、離婚調停を申し立てたが、不成立となった。
平26. 7	Xは子らを連れて引っ越し、別居した。
平26. 8	YがXに対し、月7万円の婚姻費用を支払うなどの調停が成立した。
平28. 8	Yは婚姻費用を2万円に減額し、婚姻費用減額調停を申し立てたが、審判移行し、却下された。 その後、XとYは、子らとYの面会交流、子らのパスポートの更新手続、親権者指定等をめぐって紛糾した。

○当事者の主張

〔Xの主張〕

　Yは、婚姻直後から、Xに対する暴言があり、また、長男、二男に対する暴力、虐待があった。

　Yは、平成24年12月、Yの母宅に引っ越して別居した。

　Xと子らは平成26年7月、引っ越した。

　Yは、X名義の不動産につき、Xの署名を偽造し、所有権移転登記手続をした。

　Yは子らの監護について争うようになった。

　Yは、子らのパスポートの有効期限が経過しているのに、更新手続について法定代理人としての同意を拒んでいる。

　Yは、婚姻費用支払を定めた調停にもかかわらず、一方的に減額している。

〔Yの主張〕

Yの暴言や暴力の事実はない。

不動産の所有権移転登記手続はXの意思に基づくし、これはYの特有財産である。

Yは平成24年12月、同住宅の別の部屋に移ったにすぎない。

Yが子らのパスポート更新に同意を拒否したのは、子らの連れ去りを防止するためである。

離婚は、Yと子らとの交流を奪うことになる。XはYと子らとの交流を阻害しており、有責配偶者に該当する。

裁判所の判断

別居期間は3年以上である。Xは離婚を求め、YもXを会社代表取締役から外し、保険契約、不動産登記名義の変更、子らのパスポート更新同意を拒絶するなどし、信頼関係は既になく、婚姻関係は破綻している。

（判断理由）（控訴審判決は原審を引用しているので原判決の判旨による。）

XとYとは、少なくとも平成26年7月から完全に別居し、別居期間は既に3年以上にわたっている（b住宅で別々に住んでいた期間を含めれば、更に長期にわたり共同生活を送っていない。）。これに加えて、①Xが一貫して離婚を求めているだけでなく、Yの側も②b住宅で別々に住んでいる間にXを関連会社の登記簿上の代表者から外し、X名義の生命保険契約及びX名義のb住宅の土地建物の不動産登記の各名義を変更し、③子らについて子の引渡し及び子の監護者の指定の審判を申し立て、Xが子らをa国に連れ去る危険性があるとして子らの

パスポート更新手続への協力を拒絶するなど、XとYとの間の信頼関係は既にないといえ、XとYとの婚姻関係は、既に回復することが困難なほどに破綻していることが明らかというべきであり、婚姻を継続し難い重大な事由がある。

なお、Yは、XがYと子らとの交流を阻害していることからすればXは有責配偶者に当たるなどと主張するが、Yと子らとの面会交流が上手くいかないことがXの一方的な責任に帰すべきものとは認められず、本件において子らの福祉の観点からXとYとの離婚を制限すべきであるとも認められないから、Yの主張は採用することができない。

コメント

別居の有無及びその期間は、双方に有責行為がない場合は、破綻の認定にとって最も重要な要素の一つです（秋武憲一＝岡健太郎編『離婚調停・離婚訴訟〔改訂版〕』121頁（青林書院、2013）、島津一郎＝阿部徹編『新版注釈民法(22)親族(2)』382・383頁（有斐閣、2008））。本件では、明確な別居期間が原審段階で3年以上に及んでいる事案ですので、これにより、当事者間の破綻の事実が推認できるといえます。裁判所は、その上で、修復可能性について検討し、Xの離婚意思の固いこと、Yの側のXに不利益な種々の行為（代表取締役登記変更、契約名義・登記名義の変更、子らのパスポート更新手続同意拒否等）から、当事者間では既に信頼関係が破壊されており、修復可能性もないと判断したものです。別居期間が3年というのが破綻を推認するのに相当かどうかの議論はあり得るでしょうが、家裁実務では、3年が基準とされているようです（武藤裕一＝野口英一郎『離婚事件における家庭裁判所の判断基準と弁護士の留意点』179頁（新日本法規出版、2022））。

本件は、これに沿う裁判例であり、双方に特段の有責行為がない場合の別居期間の点で参考となる事案です。

第2章　別居の期間・理由・態様

【32】　別居期間は4年10か月余りと長期に及んでおり、それ自体として、婚姻関係の破綻を基礎付ける事情である。そして、妻は一貫して離婚を求め続けており、夫は、審判で命じられた婚姻費用分担金の支払を十分にしないなど婚姻関係の修復意思を有していることに疑念を抱かせるとして、妻からの離婚請求が認められた事例　　　　　　　　　(東京高判平28・5・25判タ1432・97)

(原審：東京家立川支判平27・1・20判タ1432・99)

事例の概要

○当事者等
　X：原告（妻　控訴人）
　Y：被告（夫　被控訴人）

○事実経過

平14	婚姻。長男が出生。 Xは専業主婦。
平15	Xはパート勤務を始めた。
平18頃	Yは自宅となる家探しをしたが、これに関してXと口論になることがあった。 XとYは現在の自宅に転居したが、掃除、洗濯などに関して言い争いが増えた。
平23	Xが神経科受診。 長男が行方不明となる事件があり、Yの対応に失望したXが長男を連れて別居に至った。
平25	Xは全般性不安障害と診断された。 Xは、婚姻費用分担を求める審判を申し立て、Yに対し、未払婚姻費用35万円と平成25年○月以降、月額5万円の婚姻費用支払が命ぜられた。

第2章　別居の期間・理由・態様　　147

○当事者の主張（原審の東京家立川支判平27・1・20判タ1432・99による。）

〔Xの主張〕

　Yの暴力や暴言により全般性不安障害に陥り、別居に至り、婚姻関係は破綻した。

〔Yの主張〕

　暴言や暴力はなく、むしろXから激しく怒鳴られた。今後、全般性不安障害についての理解に努め、家族の生活を取り戻したい。

裁判所の判断

別居期間が長期に及んでおり、Xの離婚意思は強固であり、Yの修復意思も強いものでないから、婚姻関係は破綻しており、離婚請求は理由がある。

（判断理由）

　別居期間は、4年10か月余りと長期に及んでおり、別居についてYに一方的な責任があるとは認められないが、別居期間の長さはそれ自体として、XとY間の婚姻関係の破綻を基礎付ける事情である。そして、Xは一貫して離婚を求め続けており、Yは、関係修復の努力をすると供述するが、努力をした形跡はうかがえず、かえって、審判で命じられた婚姻費用分担金の支払を十分にしないなど婚姻関係の修復意思を有していることに疑念を抱かせる事情が認められる。これらのことからすれば、Xの離婚請求は理由がある。

コメント

　婚姻関係を継続し難い重大な事由（婚姻関係の破綻）には主観的要

素と客観的要素があり、主観的要素は双方が婚姻を継続する意思を喪失したことであり、客観的要素としての重要な要素は有責行為と別居ですが、別居期間が相当期間に及ぶことは、そのこと自体で婚姻関係の破綻を事実上推定させるとされます（秋武憲一＝岡健太郎編『離婚調停・離婚訴訟〔改訂版〕』120・121頁（青林書院、2013））。本件では、夫の有責行為は認められなかったのですが、同居期間が約10年であるのに対し、別居期間が4年10か月余りであるとして、このことが、婚姻関係の破綻を基礎付ける事情であるとされました。本件は、別居期間に着目した裁判例として挙げられますが、裁判所は、単に別居期間の点だけではなく、当事者の婚姻関係修復・継続意思が実質的に失われているとの点も認定した上で総合的に考慮して離婚を認容していることに留意する必要があるでしょう。なお、原審は、妻の主張事実自体認められないか、性格・感情の違い等に起因する紛争であり、夫が一方的に責任を負うものではない、夫は関係修復を強く望んでいる、同居期間が約10年であるのに対し、別居期間は約3年5か月と短いとして、破綻を否定し、離婚請求を棄却しました。夫の関係修復意思の捉え方や別居期間の長短の判断に原審と当審で差があることに注意すべきでしょう。夫の立場に立てば、長期の別居にもかかわらず、修復可能性があると裁判所に認めさせるには、妻の精神的安定を図るために具体的な努力をしていることや、別居中にも一定の交流があったこと、婚姻費用を支払い続けた等の現実的な行動において、修復の強い意思があることを示すことが必要であったといえます。

＜参考判例＞

○夫婦のいずれにも決定的な離婚原因はなかったが、6年余りにわたる別居と妻の強い離婚意思により婚姻関係が破綻していると認められた事例
　（横浜地判昭59・7・30判タ541・230）

第2章　別居の期間・理由・態様　　149

【33】　　8年を超える別居は婚姻関係の破綻を十分に基礎付
　　　　ける事情であるところ、妻の離婚意思は固く、一方、
　　　　夫には自己の価値観と相容れない意見を許容すること
　　　　ができない姿勢が強く認められるから、夫婦関係を修
　　　　復することも困難であるとして、妻の離婚請求が認め
　　　　られた事例　　　（福岡家判令4・7・8（令3（家ホ）85））

事例の概要

○当事者等

　X：原告（妻）

　Y：被告（夫）

○事実経過

平元. 12. 19	婚姻。
平2	長男出生。
平4	二男出生。
平25. 9. 27	Xは、京都に仕事を見つけ、自宅を出て単身移住。
平31. 1	Xは、仕事で福岡県に移住したが、自宅に帰らなかった。
令2. 7. 20	XがYに、メール及び電話で離婚したいと伝える。
令2. 11	XがYを相手方として、離婚調停申立て。
令3. 3. 11	離婚調停が不成立。

○当事者の主張

〔Xの主張〕

　XはYと高校時代に交際を始め、結婚後もYの言うことが全て正し

いと思っていたが、平成13年頃から、Ｙは必ずしも正しくなく、他人への気配りや思いやりに欠けると認識するようになった。子らもＹに意見するようになったが、Ｙは、意に沿わないものを退け、暴力を振るうこともあり、会話がなくなった。別居は約９年になる。

〔Ｙの主張〕

　Ｘが平成25年に移住したのは仕事の都合からである。破綻を基礎付けるものではない。ＸとＹは、平成26年に親族の結婚式に揃って出席したり、子らと楽しい時間を過ごした。別居開始はＸが離婚を言い出し、あるいは離婚調停を申し立てた令和２年11月であり、別居期間は短く、破綻を推認させない。

裁判所の判断

　別居期間は８年を超え、夫婦関係を修復すべくお互いに歩み寄ることも困難であるから、婚姻を継続し難い重大な事由がある。

（判断理由）

　ＸとＹは、平成25年９月から一度も同居していない。その間、住居を行き来するなどの交流はなく、日常的に連絡を取り合っていたこともない。８年を超える別居は婚姻関係の破綻を十分に基礎付ける事情である。Ｘの離婚意思は固く、一方、Ｙには自己の価値観と相容れない意見を許容することができない姿勢が強く認められる。そうすると、別居期間は長く、夫婦関係を修復すべくお互いに歩み寄ることも困難であるから、婚姻を継続し難い重大な事由がある。

第2章　別居の期間・理由・態様　　151

> コメント

　判決文からはXが妻か夫かはっきりしませんが、妻がXではないかと思われます（以下、Xを妻、Yを夫とします。）。本件は、共働き夫婦の事案であろうと思われますが、当事者の主張及び判決の認定事実によれば、典型的な有責行為である暴力行為や精神的な虐待があったものではありません。しかし、妻が夫の言動を批判的に見るようになったところ、夫が自己の価値観と相容れない意見を許容することができず、妻が、仕事上での移住の際に別居し、それ以来、同居の機会もあったのに、別居を続け、8年を超えたというものです。明確な破綻事由がない場合、別居の有無及びその期間の長短が最も重要な破綻認定の要素の一つです（秋武憲一＝岡健太郎編『離婚調停・離婚訴訟〔改訂版〕』121頁（青林書院、2013））。そして、本件においても、明確な破綻事由はありませんから、別居及びその期間が8年を超えていることは、破綻を基礎付ける重要な事実関係であり、判旨もこれを指摘しています。なお、本件では、裁判所は、妻の離婚意思が強固であり、夫が自己の考えと相容れない意見を受け入れない姿勢が強いと認定しており、このことから、婚姻関係の修復が困難であると理由付けられています。すなわち、長期の別居から破綻が推認されますが、補充的に修復の可能性も否定され、その理由として、妻の離婚意思の強固さ及び夫の妥協しない性格傾向が指摘されたといえます。子供の問題や経済的な問題は取り上げられていませんし、有責配偶者の問題もありません。今後、共働き夫婦間などにおいて、このような事例も増えるのではないかと思われます。

（別居理由）

【34】　18年の別居にもかかわらず、別居生活の発端は夫婦間の不和というよりも、夫が自由な生活を望んだことにあり、少なくとも当初においては、別居は婚姻関係の破綻の表れと認めることはできないとして夫から妻への離婚請求が棄却された事例

（東京地判平15・6・4（平14（タ）399））

事例の概要

○当事者等

　X：原告（夫）

　Y：被告（妻）

○事実経過

昭50．4．3	婚姻。長女及び二女がいるが、前訴判決当時、既に成人している。
昭56頃	X夫婦はXの実家（神田の家）に転居した。
昭59頃～昭61頃	Xは家を出てGと同棲。
昭61．6頃～平10．6頃	Xはマンションを借りて独居した。自由な生活がしたいとの理由であった。
昭62頃	Xは家業であるa興行株式会社の取締役就任。給与や役員報酬は、税金や家賃を控除してYに渡された。Xは小遣いや生活費を義母Eから受け取っていた。
昭62．10頃～平3頃	XはHと不貞関係。
平2．2	XとYは知人の結婚式に参列した。

平3頃	Xは恐喝未遂で逮捕勾留され、連絡が取れなくなったことがあったが、それ以外の期間は、神田の家に帰り、1週間くらいいることもあった。
平9.5	義母Eの葬儀にXとYは夫婦として参列した。
平9.8	Xは離婚調停を申し立てたが、Yの病気のため手続が進行せず、取り下げた。
平9.9頃まで	Xは帰宅の際にYと性的関係があった。
平10.5	XはYに対し離婚請求訴訟提起（前訴）。一審では破綻が認定されたが、有責配偶者であることを理由として請求が棄却され、控訴審では破綻の事実が認められないとして控訴棄却された。平成13年9月に判決確定。Xは、約1年後に本訴提起。

○当事者の主張

〔Xの主張〕

　XとYは、元来性格が合わず人生観も違い、結婚当初から喧嘩が絶えなかった。Xが昭和59年に家を出てから18年間別居状態にある。離婚調停申立てをしてから約5年、前訴提起から約4年が経過している。同居生活は9年間に対し別居は18年間にわたっている。以上からすれば、婚姻を継続し難い重大な事由がある。

　Xが有責配偶者であるとしても、別居期間が長期に及んでおり、子供は成人に達し独立している。別居期間中、Xは、Yらの家賃等を負担し、生活費として給与全額を送金してきた。Yが離婚により過酷な状況に置かれる事情はない。

〔Yの主張〕

　前訴の既判力により、Xの請求は棄却される。

　Yの生活費は、平成9年5月、義母Eが死亡した後、月額15万円に減額され、過酷な状況に置かれており、離婚すれば、更に過酷な状況に置かれる。

154　　　第2章　別居の期間・理由・態様

裁判所の判断

　Xは別居期間中もYらの居住する家に帰り、性的関係も継続していた。また、結婚式や葬儀に夫婦として参列していた。XはYに生活費を渡していた。別居理由はXが自由な生活を望んだためである。前訴後の別居期間は2年足らずであり、婚姻関係の破綻は認められない。

（判断理由）

　確かに、XとYは、昭和59年以降別居しており、前訴後もその状態に変化はなく、別居期間は約18年間に及んでいる。他方、その期間中、XはYの居住する家に帰っていたこと、平成9年9月頃まで帰宅の際には性的関係も継続していたこと、XとYはその間も結婚式や葬儀にそろって夫婦として参列していること、Xは生活費をYに渡していたこと、Xの別居の理由はXが自由な生活を望んだためであり、Yは別居により婚姻関係が破綻したとの意識は持っていなかったこと等の事情が認められる。そうすると、XとYとの別居生活の発端は夫婦間の不和というよりも、Xが自由な生活を望んだことにあったと見られ、本件においては、XとYの別居は少なくともその当初においては婚姻関係の破綻の表れと認めることはできないというべきである。

　そして、前訴後も更にXとYとの別居状態は継続しているがその期間は2年足らずにすぎず、前訴後の事情を加えても、なお両者の婚姻関係が破綻に至ったとまではいえない。

　以上によれば、その余の点を判断するまでもなく、Xの請求は理由がないから棄却する。

第2章　別居の期間・理由・態様　　155

> コメント

　本件は、同居期間が約9年間であるのに、別居期間が18年間に及ぶ夫婦において、婚姻関係の破綻が否定され、離婚請求が棄却された事案です。本件の特色は、前訴判決において、一審が破綻を認めたが有責配偶者を理由として離婚請求を棄却したのに対し、控訴審が婚姻関係破綻を否定して控訴を棄却し、これが確定したこと、本訴は、その確定後約1年後に提訴されたことです。別居期間中、夫には複数の不貞関係もあり、夫は離婚訴訟まで提起したのですから、強い離婚意思がうかがえ、婚姻関係の破綻が認められてもおかしくない事案といえるでしょう。しかし、裁判所は、前訴確定判決からは別居期間が2年足らずしか経過していないこと、夫婦宅時の妻との性交渉や、結婚式・葬儀の参列、生活費支給の事実、また、別居の理由が妻との不和というより夫が自由な生活を希望したという点にあったことなどの理由から、破綻を否定しました。「家裁実務上は、それなりに了解可能な理由で別居を開始し、別居期間が相当長期に及んでいる場合には、婚姻関係の破綻を認めるのが通常です」（武藤裕一＝野口英一郎『離婚事件における家庭裁判所の判断基準と弁護士の留意点』176頁（新日本法規出版、2022））とされますが、本件では、別居開始理由が夫婦の不和ではなく、夫が自由な生活を望んだということであり、その後も、夫婦としての生活実態はあったとして、破綻が否定されたものです。その意味で、かなり特異なケースといえるでしょう。

＜参考判例＞

○有責配偶者の離婚請求として棄却判決が確定した後、約8か月後に提訴された離婚請求が認容された事例（福岡高那覇支判平15・7・31判タ1162・245）

【35】　妻による業務妨害等を理由とする夫の離婚請求について、婚姻関係は30年以上にわたり、共に協力して事業を発展させてきたものであり、夫婦関係の絆は決して弱いものではないこと、別居期間３年６か月は同居期間と比較すれば、さほど長いとはいえないこと、そもそも夫が別居に至ったのは、自らの不貞行為を断ち切りたくないという独善的な動機に基づくものであることなどを理由として、婚姻関係の破綻が否定され、離婚請求が棄却された事例

(東京地判平12・9・28（平11（タ）896))

事例の概要

○当事者等
　X：原告（夫）
　Y：被告（妻）

○事実経過

昭36	Xが大型自動車免許取得、a運送で稼働。YはXの免許取得を援助するため給料の半額送金。
昭37．7	Xは事故に遭い重傷。退院後にアパートでYと同棲。
昭38．2．21	婚姻。昭和39年長女、昭和40年二女、昭和45年長男出生。
昭38．4	a運送倒産、Xは運送業を始める。Yは、従業員の弁当、夕食作り、銀行折衝などを行った。
昭45	経理担当従業員の不正による解雇により、Yが経理担当をするようになった。苦情処理等の活動も行った。

昭50	有限会社X運輸設立、Xが代表取締役。
昭53	Yが取締役就任。
平元	Yがスナックb経営。
平3	Xが取得した600坪の土地上で倉庫業開始。
平5	Xはスナックbの雇われ店長Fと愛人関係。
平8終わり頃	Fとの関係継続。会計事務所税理士の子Hとも肉体関係。
平9	XとYが長男立会いの下話合い。Xは、一旦、Hと別れると言ったが、家に戻ることを拒否。アパートを借りて生活。 経理処理、従業員の給料支払に関してXとY間で紛糾し、Yが穴あけパンチでXの頭部を殴打する事件などがあった。 XがYを会社から排除するため、Yを出社禁止とし、経理事務をHにさせようとし、Yがこれに対抗手段を採り、会社内は混乱した。
平9.7	XはYに帳簿類等の引渡しを求める仮処分決定を得て、執行し、社員総会でYを取締役から解任する決議を成立させた。
平10.10	Xが夫婦関係調整調停申立てをし、暫定的に別居を継続し、Xは婚姻費用の分担をする等の調停が成立した。

○当事者の主張

〔Xの主張〕

　平成9年2月から別居している。別居以来、Yから様々な嫌がらせを受け、Yに対する愛情は冷め婚姻関係は破綻した。

　Yは、机の上の書類等をかき回し、虚偽の事実を述べて従業員を混乱させた。

　Yは、無断でXの預金を払い戻し、X運輸の印鑑を偽造し、銀行に

届出印の変更届を提出した。資金調達困難のため給料の支払が遅れるとの書面を配布し、従業員をパニックに陥れた。帳簿類等を大量に持ち去り、経理事務処理に困難を強いられた。

XはYから暴行を受けた。

Yは取引先等に「うちのおやじは女狂いだ」などと言い回った。

〔Yの主張〕

YはXの女性関係を知って以来、気が動転し、Xの誤解を招くような行動をとったかもしれないが、いずれもXが目を覚まして以前のような正常な夫婦関係に戻したいがためにしたことであり、Yは、Xと離婚する意思はなく、1日も早くXに戻ってきてくれることを願っている。

裁判所の判断

婚姻関係の修復は容易ではないが、婚姻期間は30年以上であり、夫婦は様々な苦労を共に克服してきた。特にX運輸は両者の努力の結晶であり、夫婦関係の絆は弱いものではない。別居期間はさほど長いものではなく、Xが生活をやり直す努力をすれば、修復が可能であるから、婚姻関係が破綻したとはいえない。

（判断理由）

XとYが別居する原因になったのがXの不貞行為であり、Xがその相手の女性との関係を断ち切ったとまではいえないこと、別居から既におよそ3年6か月が経過していること、XがYとは再び夫婦として一緒に生活することは考えられないと述べ、その婚姻関係継続の意思

を失っていると見られることからすれば、ＸＹ間の婚姻関係を修復してゆくことは容易ではない。

　しかし、ＸとＹの婚姻関係は30年以上にわたり継続してきたものであること、両者はその間に大小様々な苦労を経験し、これらを共に克服してきたこと、特に、Ｘ運輸はＸとＹが、両者の努力の結晶として、心血を注いで築き上げた会社であり、両者のいずれの一方が欠けていても今日の同社の発展はあり得なかったこと、その点において、ＸとＹの夫婦関係の絆は決して弱いものではないこと、ＸとＹの婚姻から別居までの同居期間と比較すれば、その別居期間はさほど長いとはいえないこと、そもそもＸがＹとの別居に至ったのは、自らの不貞行為をＹに知られ、その不貞関係を断ち切りたくないというＸの独善的な動機に基づくものである。ＹはＸに対し家庭に戻り、やり直すことを希望したにもかかわらず、Ｘがこれを拒否し、家を出たものであること、現在においても、ＹはＸの性格を十分に理解した上で、Ｙとの婚姻関係の継続に積極的な姿勢を示していること、したがって、Ｘにおいてこれまでの自らの行為の是非を顧み、Ｙとの生活をやり直す努力をするのであれば、婚姻関係の修復の妨げになるような事情は特段に見当たらないこと等の事情に照らして考えれば、今後、両者間で円満な婚姻関係を回復することを期待することができないわけではないから、その婚姻関係が破綻したものとは認めることができない。

　なお、Ｘは、ＹがＸとの別居後、Ｘの女性関係について噂を流し、Ｘの社会的信用を失わせたこと、Ｘ運輸の経営に大きな打撃を与えたこと、Ｘの預金を無断で引き出したこと、Ｘの頭部を穴あけパンチで殴打したことなどを取り上げて、婚姻関係は完全に破綻していると主張する。確かに、ＹがＸとの別居後に行った行為については行き過ぎた面があったことは否定できないが、ＹがＸ運輸の業務から排除されないように対抗手段を採ったのは、自らも努力し、貢献して成長させ

てきた会社にひとかたならぬ愛着があるためであり、一概にYの行為を非難することもできない。また、Yが別居後に採った行動の根本的な原因は、Xの不貞行為にあるのであり、Xの社会的信用が失われたり、会社内においてXYの協調が失われたことについては、自らが招いた結果であり、Xはその結果を甘受すべき立場にあるといわざるを得ない。XYの別居後にYが前記認定のような行動をとった事実があるとしても、婚姻関係が破綻したものとは認められないとの前記判断を左右するものではない。

したがって、XとYの婚姻関係については、民法770条1項5号所定の離婚事由があるということはできない。

コメント

本件は、夫の不貞関係が原因となった別居であり、その意味で、有責配偶者の離婚請求の当否も争点でしたが、裁判所は、その問題に入る前に、婚姻関係の破綻自体を否定したものです。別居期間は既に3年6か月に及んでおり、夫は離婚訴訟を提起し、婚姻関係を継続する意思を喪失していることを明言していますから、婚姻関係の破綻を認めてもおかしくないと考えられます。しかし、裁判所は、婚姻期間が30年以上、知り合ってからの期間が37年以上に及び、その間の夫婦の事業構築の苦闘の歴史を認定し、夫婦の絆は弱いものではなく、今後修復の可能性があると論じています。確かに、本件では、夫の別居に納得できる理由がなく、妻との従来の緊密な協力関係からすれば、簡単に破綻を認めることができない事案であるといえます。ただ、現時点では、夫が不貞の相手方との関係を断っているとはいえないこと、夫の気持ちは既に妻から離れているのではないかと考えられることからすれば、修復は現実的には難しいともいえます。そうであれば、婚姻関係の破綻

第2章　別居の期間・理由・態様　　161

を認定し、次に有責配偶者からの離婚請求の当否の判断に進む方法も
あり得たでしょうが、その場合も、別居が婚姻期間や同居期間と比較
して相当の長期間ということはやはり困難でしょう。本件は、婚姻関
係の破綻を認定するに当たって、別居の理由や夫婦が共同して生計を
立て、事業を構築してきた生活歴などをどの程度考慮して認定すべき
かの問題を考えさせられる事案であるといえるでしょう。

162　　　第 2 章　別居の期間・理由・態様

（別居態様）

【36】　夫が妻に離婚を通告後、別居し、妻との接触を避け、
一切の話合いを拒絶し 7 年以上経過したが、このよう
な場合、別居期間が長期化したとしても、婚姻を継続
し難い重大な事由があるとすることはできない。仮
に、同事由があるとしても、本件では、離婚を認めた
場合、妻は精神的苦境及び経済的窮境に陥るし、未成
年の子らの監護・教育・福祉に悪影響が及ぶとして、
離婚請求が棄却された事例

（東京高判平30・12・ 5 判タ1461・126）

（原審：東京家判平30・ 6 ・20（平29（家ホ）524））

$$\boxed{\text{事例の概要}}$$

○当事者等
　X：原告（夫　被控訴人）
　Y：被告（妻　控訴人）

○事実経過

平 5 ． 8	婚姻届出。 X は会社員、Y は専業主婦。 平成 9 年長女、平成15年二女出生。
平 6 ～平12	X がバンコク赴任。 4 年半は Y も同伴。
平16～平22	X がシンガポール赴任。 1 年間のみ Y も同伴。
平21．11	X の実父 Z と Y、子らが東十条マンションで生活。
平22	Z が要介護 2 の認定を受ける。X と Y は別居だが円 満。

平22. 9	X帰国。
平23. 5	Xは広いマンションを購入し、Zを含む家族5名で転居。
平23. 6	会社のサマータイム対応のため、Xは会社近隣の賃貸マンションに単身転居。
平23. 7	Xは、突如、電話でYに離婚したいと告げた。 Xは、要介護2で呼吸器機能障害等級1級のZの介護をYに任せたまま、離婚理由や生活設計などの説明、話合いのないまま、7年間以上、別居を継続。 Xは弁護士のアドバイスにより、別居を長期間継続すれば、必ず裁判離婚が実現できること、財産分与は別居時の財産が基準となること、離婚成立まではYや子ら、Zと会わないこと、月額20万円程度の婚姻費用を支払うことを原則とした。
平23. 11	X代理人弁護士が離婚調停申立て。
平24. 10	X代理人弁護士が離婚訴訟提起。 Xの請求棄却判決がされた。
平25. 10	控訴棄却確定。 Y変形性頚椎症、脊柱管狭窄、神経根症の診断。
平25	X長崎転勤。 平成26年4月に東京本社転勤。 平成28年5月宇都宮転勤。この間、家族に一切知らせず。
平28. 11	Z死亡。
平29. 6	Xの新たな代理人弁護士による本件離婚訴訟提起。

※備考　長女は経済的に自立。二女は高校生。

○当事者の主張（原審の東京家判平30・6・20（平29（家ホ）524）による。）

〔Xの主張〕

　Yは食事の支度、片付け、掃除等の家事を疎かにした。Xの海外留

学の希望を一蹴した。子らの教育方針に関するXの意見を無視した。Xに無断でZと養子縁組をした。Zの生命保険金の受取人をXから子らに変更した。Xには婚姻継続の意思がなく、別居期間も7年となっている。

〔Yの主張〕

Xの主張は否定する。Xの主張は全て的外れである。生命保険金受取人変更は、Xの身勝手な態度を見たZが行った。Yは関係の修復をしたいと考えている。

裁判所の判断

　話合いを拒絶する側が離婚を希望する場合、別居の事実は婚姻を継続し難い重大な事由があるとはいえないから、Xの離婚請求は理由がない。また、信義誠実の原則に照らしても、Xの離婚請求は許されない。

（判断理由）

1　離婚を求める配偶者は、まず、話合いその他の方法により婚姻関係を維持するように努力すべきであるが、家事専業者側が離婚に反対し、かつ、家事専業者側に婚姻の破綻についての有責事由がない場合には、離婚を求める配偶者にはこのような努力がより一層強く求められているというべきである。また、離婚を求める配偶者は、離婚係争中も、家事専業者側や子を精神的苦痛に追いやったり、経済的リスクの中に放り出したりしないように配慮していくべきである。Xは、さしたる離婚の原因となるべき事実もないのに、単身赴任中に突然電話で離婚の話を切り出し、その後はYとの連絡・接触

第2章　別居の期間・理由・態様　　165

を極力避け、婚姻関係についてのまともな話合いを一度もしていない。離婚請求者側が婚姻関係維持の努力や別居中の家事専業者側への配慮を怠るという本件のような場合においては、別居期間が長期化したとしても、ただちに婚姻を継続し難い重大な事由があると判断することは困難である。話合いを望んだ側が離婚を希望する場合には別居の事実は婚姻を継続し難い重大な事由になり得るが、話合いを拒絶するＸが離婚を希望する場合には本件のような別居の事実が婚姻を継続し難い重大な事由に当たるというには無理がある。したがって、婚姻を継続し難い重大な事由があるとはいえないから、Ｘの離婚請求は理由がない。

2　仮に、別居期間が平成23年7月から7年以上に及んでいることが婚姻を継続し難い重大な事由に当たるとしても、Ｘの離婚請求が信義誠実の原則に照らして許容されるかどうかを、検討しなければならない。このためには、①離婚請求者の離婚原因発生についての寄与の有無、態様、程度、②相手方配偶者の婚姻継続意思及び離婚請求者に対する感情、③離婚を認めた場合の相手方配偶者の精神的、社会的、経済的状態及び夫婦間の子の監護・教育・福祉の状況、④別居後に形成された生活関係、⑤時の経過がこれらの諸事情に与える影響などを考慮すべきである（有責配偶者からの離婚請求についての最高裁大法廷昭和62年9月2日判決（民集41・6・1423）の説示は、有責配偶者の主張がない場合においても、信義誠実の原則の適用一般に通用する考え方である。）。極端な破綻主義的見解（有責配偶者からの請求でない限り、他にどのような事情があろうと、別居期間がある程度継続すれば必ず離婚請求が認容されるというもの）は、当裁判所の採用するところではない。

　本件において、婚姻を継続し難い重大な事由の発生原因は、専らＸの側にあることは明らかである。他方、Ｙは、非常に強い婚姻継

続意思を有し続けており、Xに対しては自宅に戻って二女と同居してほしいという感情を抱いている。離婚を認めた場合には、Xの婚姻費用分担義務が消滅する。専業主婦として婚姻し、職業経験に乏しいまま加齢して収入獲得能力が減衰し、Xの不在という環境下でZ及び子2人の面倒を一人でみてきたことを原因とする肉体的精神的負担によるとみられる健康状態の悪化に直面しているYは、離婚を認めた場合には、Xの婚姻費用分担義務の消滅と財産分与を原因として居住環境を失うことにより、精神的苦境及び経済的窮境に陥るものと認められる。二女もまた高校生であり、二女の監護・教育・福祉に悪影響が及ぶことは必至である。Xは、婚姻関係の危機を作出したという点において、有責配偶者に準ずるような立場にあるという点も考慮すべきである。以上の点を総合すると、本件離婚請求を認容してXを婚姻費用分担義務から解放することは正義に反するものであり、Xの離婚請求は信義誠実の原則に反するものとして許されない。

$$\boxed{\text{コメント}}$$

本件は、夫の離婚請求を認容した原判決を取り消して、離婚請求を棄却したものです。本件は、婚姻後別居（平成23年6月）までの約17年10か月のうち、約11年10か月が海外赴任であったというやや特殊なケースです。別居期間は7年以上に及び、夫の離婚意思が固いといった事実関係からは、婚姻関係の修復は困難と思われ、破綻が認められてもおかしくないともいえます。しかし、裁判所は、離婚請求者側が自ら別居し、婚姻関係維持の努力や家事専業者側への配慮を怠る場合には、別居期間の長期化は、婚姻を継続し難い重大な事由には当たらないとの原則を立て、また、仮に、別居が上記重大な事由に当たると

第2章　別居の期間・理由・態様　　167

しても、夫は有責配偶者に準ずる者であり、昭和62年最大判の趣旨から、信義誠実の原則を適用すべきである。この点でも、離婚請求は認められないと判断したものです。

　夫は、海外赴任などで単身生活が長かったのですが、平成23年7月までは円満な家庭生活を送ってきたところ、突如、妻に離婚を告げて、以来、説明もなく、できる限り接触、話合いを避けているという事案です。これは、弁護士の、一定期間の別居により裁判では必ず離婚が認められるとのアドバイスに従ったことによると認定されています。この点、我が国の民法では770条1項5号が「婚姻を継続し難い重大な事由」を挙げていることから、破綻主義を採っているが、婚姻当事者の有責性を全く問題としない積極的破綻主義ではなく、有責配偶者からの離婚請求は認めない消極的破綻主義であるが、昭和62年最大判により積極的破綻主義へ一歩進めたと理解されています（秋武憲一＝岡健太郎編『離婚調停・離婚訴訟〔改訂版〕』109・110頁（青林書院、2013））。また、「別居期間が相当期間に及ぶことは、そのこと自体で婚姻関係の破綻を事実上推定させます。」「（有責配偶者からの離婚請求でない限り）別居期間がおおむね3年以上に及んでいれば、通常は、問題なく離婚請求が認容されます。」との記載もあります（武藤裕一＝野口英一郎『離婚事件における家庭裁判所の判断基準と弁護士の留意点』177・179頁（新日本法規出版、2022））。このように、相当期間の別居は、客観的破綻事由として重要な要素となります。しかし、本件の事案は、夫が離婚実現目的で一方的に別居して離婚を通告し、妻に一切、理由も説明せず、話合いにも応ぜず、子らも含めて接触をしないという極端な事案です。しかも、これが、別居を長期間続ければ必ず離婚できるとの弁護士のアドバイスによるというのです。裁判所は、妻が家事従事者で稼働能力が乏しく、未成熟の子の監護を担っている状況で、夫の行為は、妻と子らへの配慮を欠いており、長期別居の事実のみで破綻事由とすることはで

きないと判断しました。さらに、仮に、別居が破綻事由となるとしても、信義則の見地から、夫は有責配偶者に準ずる者として、昭和62年最大判の判旨を援用して、離婚請求が認められるかを更に検討しています。婚姻も一種の契約であり、しかも、信頼関係に基づき、共同して家庭生活を構築するという特殊な契約ですから、別居に合理的な理由がないまま、破綻主義の理屈のみから、相手方配偶者のことを一切考えずに、離婚目的で別居期間だけを既成事実とすることは信義則の適用から問題があることを示す事案です。本件は、夫が3年程度の別居期間があれば、裁判離婚が認められるとの形式論理に基づいて行動した事案であり、従来、余り見られなかったものです。このような態度で離婚訴訟に望むことは「平たくいうと裁判官の反感を買うおそれがあり、得策ではありません。」（武藤＝野口・前掲187頁）との評価もあります。

＜参考判例＞

○別居期間が25年に及ぶ夫婦について、婚姻関係が全く形骸化しており、一方が離婚を強く望む以上、破綻事由があるとされた事例（福井家審平21・10・7家月62・4・105）

○別居期間が3年5か月に及んでいることから、妻から夫に対する離婚請求が認められた事例（東京高判平29・6・28家判14・70）

第 3 章

有責配偶者

170

第3章　有責配偶者　　171

（比較的短期間の別居期間）

【37】　　夫は有責配偶者であり、別居期間は約2年8か月で
　　　あるが、同居期間が約1年9か月であることや双方の
　　　年齢（30代前半）を考慮すると、別居期間が相当の長
　　　期間に及んでいるということができるなどとして、離
　　　婚請求が認められた事例

（横浜家川崎支判平29・3・9（平27（家ホ）92））

事例の概要

○当事者等

　X：原告（夫）

　Y：被告（妻）

○事実経過

平24. 8	婚姻。双方が大学生であった平成18年に知り合い、平成20年頃から交際を始めた。YはXに対し、身上経歴について嘘をついてきたことがある。
平25. 12頃	Xは性風俗店に行っており、Yはそのポイントカードを見つけたが、波風を立てないため黙っていた。XはBと交際し、一泊旅行に行った。
平26. 2頃	Xはこの頃からYに冷淡な態度をとり夫婦関係が悪化した。Yが探偵に調査を依頼し、XがBとホテルに行くなどしていることが判明した。
平26. 5	XはYに対し、離婚届を渡し、署名を求めた。Yは自宅を出て別居した。
平26. 6	YがBに対し、損害賠償を求める訴訟提起。平成27年5月にBがYに180万円を支払うことで和解した。

平27. 1	YはXに対し、婚姻費用分担を求める審判申立て。同年4月に未払婚姻費用30万円及び月10万円の婚姻費用を支払えとの審判がされた。
平27. 5	Xが夫婦関係調整調停を申し立てたが、同年7月不成立により終了した。

※備考　Xの収入は年約1,000万円であり、Yは会社を退職し、無職無収入である。Yは婚姻継続を望んでいる。

○当事者の主張

〔Xの主張〕

　Yは、身上経歴について、生年月日、出身大学を偽り、また、客室乗務員として勤務していた、父親は税理士、横浜市青葉区の出身であり実家は車を複数台所有する大豪邸であるなどと偽った。XのYに対する信頼は、度重なる詐称により婚姻直後から大きく損なわれ、平成24年8月には別居し、離婚の話をした。Yは、掃除、炊事など家事を十分に行わなかった。Yの度重なる嘘や家事怠慢により、XのYに対する信頼は回復せず、婚姻関係は破綻した。

　仮に、Xが有責配偶者であっても、XとYは30代前半と若く、同居期間が1年半であるから別居期間が約2年8か月であっても、相当の長期間である。未成熟子はおらず、Xは婚姻費用の支払をしている。

〔Yの主張〕

　Yは嘘をついておらず、家事に怠慢はなかった。XはBと長期間にわたって不貞関係にあった。仮に婚姻関係が破綻したとしても、Xは有責配偶者であり、離婚請求は認められない。婚姻前の同棲期間を含めれば、5年ないし6年同居しており、2年8か月の別居期間は相当の長期間ではない。Xの不貞行為により心身ともに疲弊し、職を失ったYに対し離婚を強いることは著しく社会正義に反する。

第3章　有責配偶者　　173

裁判所の判断

　Ｙは Ｘから離婚を求められ、家を出る形で別居し、別居期間は約
２年８か月に及んでいるから、婚姻関係は破綻しているが、その原
因はＸの不貞行為によるものであり、Ｘは有責配偶者である。別居
期間は、同居期間や双方の年齢からすると、相当の長期間といえる。
また、 Ｙが精神的・経済的に極めて過酷な状況に置かれるとはいえ
ず、 Ｘの離婚請求が信義則に反することはない。

（判断理由）

1　Ｙは、 Ｘの不貞行為を知り、 Ｘから離婚を求められ、 Ｙが家を出
　る形で別居し、 ＸとＹとの別居期間は約２年８か月に及んでいるこ
　と、 ＸはＹとの離婚を強く望んでいることが認められ、これらによ
　れば、 ＸとＹの婚姻関係は破綻していて修復の見込みはなく、婚姻
　を継続し難い重大な事由があると認められる。

2　ＸとＹは、平成26年５月から別居しているが、 Ｘは、遅くとも平
　成25年12月頃からＢと不貞関係にあり、 ＸとＹの婚姻関係は、 Ｘの
　不貞行為により破綻したものと認められ、 Ｘは婚姻関係の破綻につ
　いて有責配偶者というべきである。

　　Ｙが身上経歴について嘘をついたことがあったことが認められる
　が、 Ｙが嘘をついたのはすべて婚姻前であり、 Ｘはそれも許容した
　上で婚姻したこと等からすると、これをもって婚姻関係を破綻に至
　らせる程度の重大な問題であったとは認められない。また、 Ｙが家
　事を怠ったとの点については、 Ｙが婚姻関係を破綻させる程度に家
　事を怠ったとは認められない。

3　有責配偶者であるＸの請求が信義則に反するか否かにつき検討す

ると、ＸとＹの別居期間は約２年８か月であるところ、同居期間が約１年９か月であることや双方の年齢（口頭弁論終結時において、Ｘ33歳、Ｙ32歳）を考慮すると、別居期間が相当の長期間に及んでいるということができる。ＸとＹとの間に子はいない。

　Ｘは、Ｙに対し、平成27年４月に婚姻費用分担の審判がされてからは月額10万円の婚姻費用を毎月支払っており、また、320万円を支払うことを申し出ている。Ｙは、無職で収入はないが、稼働できないとは認められず、また、Ｂから180万円の支払を受けている。これらの事情に照らすと、Ｙが離婚により精神的・経済的に極めて苛酷な状況に置かれるとはいえない。

　これらの点を総合的に考慮すると、Ｘからの離婚請求が信義則に反するとはいえない。

コメント

　Ｘからの離婚請求は有責配偶者からの離婚請求とされました。しかし、別居期間が２年８か月程度であり、このような短期間の別居期間でも、離婚請求が認められるのか問題となり得ます。有責配偶者からの離婚請求は、最高裁大法廷昭和62年９月２日判決（民集41・6・1423）によれば、①別居が両当事者の年齢及び同居期間との対比において相当の長期間に及び、②その間に未成熟の子がいない場合は、③相手方配偶者が離婚により精神的・社会的・経済的に極めて過酷な状態におかれる等離婚請求をすることが著しく社会正義に反するといえるような特段の事情のない限り許されないとはいえないとされます。上記「相当長期間の別居期間」は、社会の婚姻観や離婚に対する受け止め方の変化により短縮化の傾向にあり、事案によっては、５、６年で足りると判断される場合もあるとの指摘があります（武藤裕一＝野口英一

郎『離婚事件における家庭裁判所の判断基準と弁護士の留意点』190〜191頁（新日本法規出版、2022））。本件では、2年8か月という短期間で有責配偶者からの離婚請求が認められましたが、裁判所は、上記最大判の基準に従いながら、事案の実態に即して判断し、婚姻期間が短く、同居期間が1年9か月であり、未成熟子もおらず、両当事者の年齢も30歳代前半であり、Yに稼働能力がないとはいえないことなどから、離婚を認めたものです。夫婦の共同生活関係が十分に確立されない間に主としてXの不貞により信頼関係が失われて別居に至った点が重視されたのでしょう。単に別居期間が何年以上でなければ離婚は認めないとするような形式的な判断ではなく、同居期間との対比を重点とした実態に照らして判断したものとして参考となる裁判例です。

＜参考判例＞

〇別居期間が約6年であるが、子がいずれも成人しており、相手方配偶者に相当の収入があり、離婚後も経済的に過酷な状況におかれるとはいえないことなどから有責配偶者からの離婚請求が認められた事例（東京高判平14・6・26家月55・5・150)

【38】　夫は有責配偶者であるところ、転居してから約4年10か月が経過したにすぎない上、転居後も相当期間、妻や長男と会食や家族旅行をするなど、勤務の都合で一時的に別居を余儀なくされた夫婦と同様の関係を継続していたことから、別居期間は相当の長期間にわたっていないとして、離婚請求が棄却された事例

（東京地判平14・6・27（平13（タ）471））

事例の概要

○当事者等

X：原告（夫）

Y：被告（妻）

○事実経過

昭42	XとYはqテレビに入社した。
昭44.10	婚姻。 その後、長男出生によりYが退社して家事担当。
昭62春	Xはqテレビにアルバイト職員として採用されたDと知り合い、平成元年、Dと情交関係を持ち、以後、関係を継続した。
平6.10	Xは都内にマンションを借り、平日は同所に帰宅し、週末に自宅に帰る生活を続けた。
平9.6	Xはbテレビに出向、報道制作局長として札幌転居、札幌市内のマンション（本件マンション）に居住。 同マンションの別室を借り、賃料を負担してDを居住させ、互いに鍵を共有した。
平9.9.11	XはYと共に仲人を務めるなどした。

平11. 11	XがYに対して離婚調停を申し立てたが、平成12年3月不成立。
平12. 1	XはYに対し、Dとの関係を陳謝し、速やかにDとの縁を切ること、Yに慰謝料として1億5,000万円を支払うことなどを内容とする協定書に署名し、同年9月、これに基づく公正証書が作成された。
平12. 8. 4	Yは札幌市内ホテルで大量の睡眠薬を服用して自殺を図ったが未遂（本件自殺未遂）。
平13. 3	Xは、qテレビを退職してbテレビの取締役就任。
平13. 5	Xは転居した札幌市内のマンション（新マンション）でDと同居した。

○当事者の主張
〔Xの主張〕

Yは家事能力に乏しく、貯蓄をしなかった。

YはXの親類と折り合いが悪く、夫婦関係を好まなかった。

XはYとの生活に耐えかねて、平成6年10月頃から都内のマンションを賃借し、平成9年6月bテレビへの出向を機に完全に別居した。

Yは、札幌のXの住居を再三訪れ、職場関係者に面会を続け、平成11年に本件自殺未遂を起こし、Xの職場での地位を危うくした。このことで、XとYの婚姻は完全に破綻した。

Xが有責配偶者であるとの一事でXの離婚請求を排斥し、形式的婚姻関係の維持を強制するのは社会正義に反する。

〔Yの主張〕

XがDとの関係を清算すれば、婚姻関係の修復は可能である。

Xは、平成9年6月まで、自分の責任でDとの関係を清算すると言っていた。Xが月1、2回程度社用で上京する際にはY及び長男Cと会食するなどした。

第3章　有責配偶者

　Yが調査すると、本件マンションの一室にDが居住し、Xと互いの
部屋の鍵を共有していることが判明した。
　Yは、平成12年8月、Xに会うために札幌を訪れたが、Xの冷たい
対応に遭い、心身の疲労から本件自殺未遂を行った。

裁判所の判断

　XはDとの生活を選択して、本訴を提起しているから、婚姻関係
が破綻していることは明らかである。破綻はXとDとの不貞行為に
よるから、Xは有責配偶者である。平成9年6月にXが札幌に転居
してから4年10か月が経過したにすぎず、別居期間は離婚請求が信
義則に違反しないといえるほど相当の長期間にわたっていない。し
たがって、Xの本訴請求は信義則上許されない。

（判断理由）
　Xは、現在、Yとの間の婚姻関係を修復してこれを継続する意思を
有していないことは明らかであり、Xが現在Dと同居して夫婦と同様
の生活をしていることを考え併せれば、XとY間の婚姻は破綻してい
るものと認められる。XとYの婚姻関係は、XのDとの不貞行為によ
り破綻したものと認められるのであるから、Xは、婚姻破綻について
専ら責任のある有責配偶者である。
　そして、Xが平成9年6月、bテレビへ出向するため札幌へ転居し
てから約4年10か月が経過したにすぎない上、転居後も相当期間、X
は、Yに対しスケジュール表を交付する、上京の折、Y及び長男Cと
会食する、Yと共に夫婦として仲人を務める、Y及び長男Cと共に家
族旅行をするなど、勤務の都合で一時的に別居を余儀なくされた夫婦

と同様の関係を継続していたことが認められる。

　その上、Xは、Yに対しDとの関係を解消することを約し、平成12年1月には同人との関係を解消することを約する協定書に署名した上、Yは平成12年8月4日、Xとの関係が修復困難であることに失望し、心身共に疲労して本件自殺未遂をしたことを考え併せれば、XとYの別居期間は、有責配偶者の離婚請求が信義則に違反しないといい得るほどの相当の長期間にわたるものとは認められず、したがって、Xの本件離婚請求は、信義則上許されないものというべきである。

コメント

　本件は、長年にわたり、不貞関係を継続してきた夫が、単身赴任であることから、同じマンションに不貞相手を居住させて不貞関係を継続していることを妻に悟られずにいましたが、一方、妻との関係では、帰宅した際、長男を含めて会食したり、家族旅行に出かけたり、妻と共に仲人を務めたりしており、一般的な単身赴任者の生活の外面を繕っていました。その後、妻に不貞関係継続が判明した後、不貞相手との関係を絶つことを誓約する協定書を作成しました。しかし、結局は、不貞相手との生活を選び、別居を続け、妻に対して離婚を求めるに至ったものです。そのような事情から、婚姻関係の破綻が認められたのは当然といえるでしょう。そして、夫の不貞行為が破綻の原因ですから、有責配偶者であることも当然でしょう。そこで、Xの離婚請求が認められるかは、本件では未成年子がいないので、別居が信義則に違反するといえないほど相当の長期間にわたっているかどうかが問題となります。Yが離婚により過酷な状況に置かれるかどうかは本件では争点となっていないようです。別居期間について、本件では、不貞関係継続期間は平成元年からと長く、Xが平成6年10月頃から、平日は

Dとの生活を送り、週末帰省時に家庭で過ごすとの二重生活を送っていたとも考えられますが、裁判所は、Xが札幌に単身赴任してからの期間を別居期間と考えました。そうすると、別居期間は4年10か月程度ですから、婚姻期間30年に比して相当の長期間といえないとしました。有責配偶者からの離婚請求で、既に婚姻関係が破綻し、修復の見込みがない場合、どの程度の別居期間で離婚が認められるかについて、おおむね、10年以上に及ぶとされますが（秋武憲一＝岡健太郎編『離婚調停・離婚訴訟〔改訂版〕』135頁（青林書院、2013））、社会の意識の変化に伴い、事案によっては、5、6年で足りると判断される場合もあり得るとされます（武藤裕一＝野口英一郎『離婚事件における家庭裁判所の判断基準と弁護士の留意点』191頁（新日本法規出版、2022））。そうすると、本件のような単身赴任事案では、別居期間をどう捉えるかによって結論が左右されることも考えられます。もっとも、本件においては、単なる別居期間のみではなく、Y側に破綻について責任がなく、Xが一旦は、不貞相手との関係を絶つとの協定書を書いた等の事情も考慮して、総合的に信義則の見地から判断されたものと考えられます。有責配偶者からの離婚請求についての相当の長期間をどのように判断するかについて一事例を提供するものです。

＜参考判例＞

〇別居期間が約6年、同居期間が約21年であるが、未成年子がおらず、相手方配偶者が経済的に過酷な状況に置かれるとはいえないことなどから、離婚請求が認容された事例（東京高判平14・6・26判時1801・80）

第3章　有責配偶者　　　181

【39】　別居期間が６年以上の有責配偶者である夫からの離婚請求であるが、もともと会話の少ない意思の疎通が不十分な夫婦であったところ、妻と外国人男性との不倫疑惑で夫婦の溝が大きく広がり、互いに夫婦としての愛情を喪失して別居に至った経過等から、離婚請求が信義則に反するものではないとされた事例

（東京高判平14・６・26判時1801・80）

事例の概要

○当事者等

　X：原告（夫　控訴人）

　Y：被告（妻　被控訴人）

○事実経過

昭49.　5	婚姻。長男（昭和49年生）と二男（昭和54年生）がいる。XとYは外国語大学の学生として知り合う。
昭58.　3	Xはイラン赴任。12月から一家がイランで生活。
昭60.　3	イラン・イラク戦争のため、Yと子らが帰国。 Xも昭和61年に帰国。
昭60頃	Yは日本語学校教師。Xが帰宅しない日が多く夫婦関係は円満を欠いた。
昭63頃	Yは、自宅に外国人男性を連れてくる、一緒に富士山に行くなどのことがあり、XはYと外国人男性との関係に不審を抱いた。 XとYはさらに会話の少ない夫婦となった。 平成２、３年頃、外国人男性の妻からXに電話があり、同男性とYが頻繁にラブホテルに行っていると

	の話があった。 ２、３年後、ＹはＸに外国人男性の件で謝罪した。
平8．3	ＸはＥと知り合い、親密な関係となった。Ｘはアパートを借り、別居し、ここにＥが訪問するようになった。
平8．7頃	ＹからＸに別居を認める条件として、月給から５万円、ボーナスから70万円を差し引いた金額を家計に入れるなどと記載された書面（誓約書）を送付した。
平9．3	ＸはアパートでＥと同棲生活。週１回の帰宅もしなくなった。
平12．1	Ｘは離婚調停を申し立てたが、不成立となった。
平12頃	Ｙは英語教師として勤務し、手取り約35万円の収入を得ていた。ＸはＹに月額20万円を送付している。

※備考　ＸはＹに対し、離婚に伴う給付として、自宅建物を分与し、住宅ローンも完済まで支払うとの意向を表明している。

○当事者の主張

〔Ｘの主張〕

　Ｙと外国人男性との不貞行為、その後のＸとＥとの不倫関係により、ＸとＹが平成８年３月頃から別居状態であり、婚姻関係は完全に破綻している。

　婚姻関係破綻についてＸに有責性があるとしても、別居期間が６年を超えており、相当長期間に及んでいる。

　未成熟子はおらず、Ｙは語学を活かして就業中であるから、離婚により過酷な状況に陥ることはない。

〔Ｙの主張〕

　Ｙには外国人男性との不貞行為はない。

　婚姻関係が破綻しているとしても、これはＸとＥとの不貞行為が原因となっており、有責配偶者からの離婚請求であって許されない。

第3章　有責配偶者　　183

裁判所の判断

XとYとの婚姻関係は完全に破綻している。

Xは有責配偶者と認められるが、別居期間は6年以上経過している。そして、元来の夫婦関係やYの外国人男性との交遊、Yの収入などの事情からすれば、Xの離婚請求は信義則に反するとはいえない。

（判断理由）

1　XとYとは、もともと会話の少ない意思の疎通が不十分な夫婦であったところ、Yと外国人男性との不倫疑惑で夫婦の溝が大きく広がり、更にXがEと婚姻外の男女関係を続けた中で互いに夫婦としての愛情を喪失して別居に至ったものであり、別居後既に6年を超えているところ、その間夫婦関係の改善は全くみられずXの離婚意思は極めて強固であることが明らかであって、XとYの婚姻関係は完全に破綻し、今後話合い等によってこれを修復していくことは期待できないものと認められる。

なお、XがYにおいて外国人男性と親密な関係にあるのではないかとの疑念を抱いたことは無理からぬことであり、Yの外国人男性との交遊はXとの夫婦関係の悪化を促進させる要因となったものと認められる。

2　Xは有責配偶者であると認められるが、別居期間は平成8年3月から既に6年以上経過しているところ、Xら夫婦はもともと会話の少ない意思の疎通が不十分な夫婦であって、別居前もYと外国人男性との交遊から夫婦間の溝が大きく広がっていたこと、二子とも成人して大学を卒業しているなど夫婦間に未成熟子がいないこと、Y

は○○英語会に勤務して相当の収入を得ているところ、Xは離婚に伴う給付としてYに現在同人が居住している自宅建物を分与し同建物について残っているローンも完済するまで支払い続けるとの意向を表明していることなどの事情に鑑みると、その請求が信義誠実の原則に反するとはいえない。

コメント

有責配偶者からの離婚請求は原則許されませんが、最高裁大法廷昭和62年9月2日判決（民集41・6・1423）によれば、①別居が相当長期間に及んでいること、②未成熟子が存在しないこと、③相手方配偶者が離婚により精神的・社会的・経済的に極めて過酷な状況に置かれる等、離婚請求を認容することが著しく社会正義に反するといえるような特段の事情がない場合は、離婚請求が認められることになります。

そして、上記①の相当長期間について問題となることが多いところ、一般的には10年程度とされていますが、事案によっては5、6年で足りると判断される場合もあるとされます（【38】のコメント参照）。本件では、22年間の同居期間に比して別居期間は6年余りであり、従来の基準からすれば、相当長期間というには短いのではないかと思われますが、裁判所は、本件では元来夫婦間で意思疎通が不十分であり、Y側にも不貞行為を疑われても仕方がないような事情もあり、これが別居及び破綻に一定の影響を与えたことから、相当の長期間の別居と認めたものです。また、未成熟子のいないこと、Yが経済的に過酷な状況に置かれることはないことをも考慮して、離婚請求を認めたのです。このように、別居が相当の長期間かどうかは、期間のみで決まるものではなく、信義則の観点からの総合考慮がされることを示す事例といえるでしょう。

第3章　有責配偶者　　185

＜参考判例＞

○有責配偶者である夫から妻に対する離婚請求について、7年間別居しており、婚姻関係は破綻しているが、離婚に伴う経済的給付を期待できず、妻が離婚により過酷な状況に置かれる、相当の長期間の別居ともいえないとして、離婚請求を棄却した事例（東京地判平14・6・7（平13（タ）80））

第3章　有責配偶者

【40】　別居期間が7年余りの有責配偶者による離婚請求について、婚姻期間は30年を超えており、その別居期間が相当の長期間に及んでいるとはいえない。妻は精神的に多大な負担を強いられており、離婚により精神的に極めて苛酷な状態に置かれることが明らかであるとして、離婚請求が棄却された事例

（大阪高判平30・6・15（平30（ネ）18））

（原審：大阪家判平29・11・28（平28（家ホ）500））

$$\boxed{\text{事例の概要}}$$

○当事者等

　X：原告（夫　控訴人）

　Y：被告（妻　被控訴人）

○事実経過

昭62. 3	婚姻。 同年長女A出生。Aは平成26年に婚姻。
平元	Xは新聞記者としてa社に入社。Yは専業主婦。 Xは、転勤が多く、大阪、奈良、神戸、東京、ニューヨーク、ワシントン（平成21年7月〜平成26年）等に勤務した。
平10. 10〜平11. 3	Xは独居の同僚Dの家に荷物を置いたり、宿泊することがあり、D宅に住民票上の住所を置いたこともある。 Xは東京本社勤務中（平成11年と19年）、Dと同一便で同一の海外都市に9回ほど渡航した。また、Xのワシントン在勤中、Dは複数回宿泊付きで赴いた。

平22. 12	Xはワシントン赴任中、Yに電話で突然、離婚したいと告げた。
平23. 1	Xが離婚訴訟提起。 Yが婚姻費用分担調停申立て。1か月35万円、7月及び12月に52万円を支払うとの調停成立。 Xが平成26年に婚姻費用減額調停を申し立て、平成27年10月、月額18万9,700円を支払うとの調停成立。
平23. 2	Yは医療機関に通院し、同年10月うつ病の診断を受け、その後、障害等級2級の認定を受け、平成25年5月精神障害者保健福祉手帳の交付を受けた。
平25. 2	離婚認容判決。Y控訴。
平25. 8	原判決取消し、離婚請求棄却判決。同年12月確定(前訴)。
平26. 12	Xは離婚調停申立て。平成28年9月不成立。
平27. 4	XとDは、Dの母親を同伴して、フランスに渡航し、平成28年には台湾に渡航した。
平28. 11	Xは、本訴を提起した。

○当事者の主張

〔Xの主張〕

Yは新聞記者というXの仕事に無理解。帰宅が遅いことに不満を持つ。平成9年頃から口論が絶えず。平成10年3月頃に別居し、現在まで継続している。

〔Yの主張〕

婚姻関係が破綻したのは、Xが平成11年4月頃からDと親密な関係になったからであり、その関係は現在も続いている。

XはDとの関係を隠して離婚請求を行っており、有責性が高い。

Yは、Xの離婚通告が唐突であり、音信を絶たれたことなどからうつ病にり患し、障害等級2級の認定を受けた。Xの離婚請求は社会正義に反する。

188 第3章　有責配偶者

裁判所の判断

　現時点においては、婚姻関係は破綻している。その原因はXのDとの関係にあり、Xは有責配偶者である。7年余りの別居期間は相当の長期に及んでいるとはいえない。また、Xの離婚を認めることは社会正義に反する。

（判断理由）

　婚姻関係が破綻に至った主たる原因は、平成10年頃から現在に至るまで、XとDが親密な交際を続けたことで、Xが強固な離婚意思を有するに至った点にあると認められるから、Xは有責配偶者に該当する。

　有責配偶者からされた離婚請求であっても、夫婦の別居が両当事者の年齢及び同居期間との対比において相当の長期間に及び、その間に未成熟の子が存在しない場合には、相手方配偶者が離婚により精神的・社会的・経済的に苛酷な状態に置かれる等離婚請求を認容することが著しく社会正義に反するといえるような特段の事情の認められない限り、当該請求は、有責配偶者からの請求であるとの一事をもって許されないとすることはできない（最大判昭62・9・2民集41・6・1423）。

　これを本件についてみると、XとYの婚姻期間は30年を超えており、XがYに対し離婚を言い出してから現在に至るまで、7年4か月程度であること（控訴審）から、その別居期間が相当の長期間に及んでいるとまでは評価できない。Yは、離婚についての係争に起因するとみられるストレスから、うつ病にり患し、本訴に先立つ離婚調停において自殺をほのめかす手紙を作成したり、本訴において「離婚して、その後生きていく決断ができません。」などと述べたりするなど、精神的に多大な負担を強いられている。

　本件では婚姻関係は破綻しており、XとYとの間に未成熟の子は存

第3章　有責配偶者　　189

在せず、しかも、Xの提案（XはYに対し、Yが居住するマンション
をYの単独所有とし、離婚成立後からXが定年となる平成36年7月ま
で月額19万円を支払う）によれば、離婚後にYが直ちに経済的に過酷
な状況に置かれる可能性は低いとの事実は認められるものの、Yは、
離婚により精神的に極めて苛酷な状態に置かれることが明らかであっ
て、このことに、別居期間が既に相当の長期間に及んだとまでは直ち
にはいえないことをも併せ考えると、本件離婚請求を認容することは、
著しく社会正義に反するというべきである。

コメント

　夫婦が別居を続ける中で、一方から離婚請求がされること自体、婚
姻関係が相当破綻していることを示すものであるといえ（島津一郎＝阿
部徹編『新版注釈民法(22)親族(2)』381頁（有斐閣、2008））、本件でも、婚姻
関係が破綻していることは認められています。ただ、夫の不貞がその
原因であり、夫は有責配偶者であることから、離婚請求を認めるべき
か否かが問題となりました。裁判所は、昭和62年最大判に従って検討
し、本件では、未成熟子がおらず、妻が経済的に過酷な環境に置かれ
る可能性は低いとしながら、妻の精神的負担が大きいことや、夫が真
摯に謝罪する態度を見せないことから、離婚により妻が精神的に過酷
な状況に置かれるとされ、夫の離婚請求は社会正義に反するとされた
ものです。なお、別居期間が、30年を超える婚姻期間に比して、7年余
りであり、相当の長期間であることも否定されました。この点、昭和62
年最大判にいう、有責配偶者の離婚原因としての「『相当長期間の別居』
についても、事案によっては、5、6年で足りると判断される場合もあ
り得るように思われます」との見解もあるところですが（武藤裕一＝野口
英一郎『離婚事件における家庭裁判所の判断基準と弁護士の留意点』191頁（新日本
法規出版、2022））、本件においては、7年余りでも足りないとされました。

本件における事案の特色は、夫の職業が新聞記者であり、海外赴任を含む単身での転勤が多く、その中で、不貞関係が生じ、夫が突然、海外からの電話で妻に離婚を告げたが、説明もなく、謝罪等の慰謝の措置を採ることもなかったため、妻の精神的な痛手が多大であったことから、社会正義の観点を強調して、判断がされたことです。

裁判所は、昭和62年最大判以降、破綻主義的傾向を強めており、有責配偶者からの離婚請求を一概に否定はしませんが、やはり、信義則的な見地を重視しており、単に経済的な面で離婚給付として相当の提案をしても、精神的な側面も重視され、この点のフォローが十分でない場合は、過酷要件と共に、離婚を認容するに足りる相当の長期間とされる別居期間の判断も厳しくなる傾向があるといえます。

本件の事案に関していえば、夫は新聞記者ですが、他にも職業によっては、海外赴任を含む単身赴任をすることも多いと思われ、これに伴って、夫婦間のコンタクトが十分でなくなり、婚姻関係の継続を困難とする事由が発生することもあるでしょう。しかし、婚姻契約は信頼関係に基づいて共同生活を構築することですから、この趣旨からして、離婚を求めるとしても、信義則上、相手方配偶者に対して丁寧な説明をした上で十分に話合いをすることが前提として要請されるのであり、そのような前提を伴わずに、相当の別居期間が経過したとして、直ちに離婚請求をしても、裁判所の理解を得ることは困難であることを本件事案は示していると思われます。

第3章　有責配偶者　　191

（未成熟子の存在）

【41】　別居から既に６年以上が経過しているから、婚姻関
　　係は、既に破綻している。しかし、夫は有責配偶者で
　　あり、離婚により長男がパニックを起こすおそれがあ
　　るなど障害を有する未成熟子への影響が大きいなどと
　　して、離婚請求が棄却された事例

（東京家立川支判令４・４・21（令元（家ホ）222））

事例の概要

○当事者等

　X：原告（夫）

　Y：被告（妻）

○事実経過

平17頃	XとYは大学の医学部時代からの知り合いであった が、Xは○病院で消化器外科医として、Yは脳神経 外科医として働き、交際に至った。
平19. 11	婚姻。
平20. 7	Yは左卵巣膿腫の摘出手術を受け、平成21年から不 妊治療を開始した。
平22. 7	Xは鼠経ヘルニアの日帰り手術を受け帰宅したが、 Yは緊急手術のため病院に出勤した。
平23	体外受精により、Yが長男妊娠、出生。
平23. 4	Xは群馬県の病院に単身赴任したが、週末は自宅に 帰宅した。
平24	YはXに「もううんざりです。…家庭人として幼稚

	ですね。こちらに帰って来なくて結構です。…」などと記載したメールを送った。同年8月頃、Xは知人に「ここ半年以上に渡り、夫婦仲が悪く、家に帰っても会話はなく、単身赴任というより別居って感じですね。」「ずーーーっと文句言われてばかりで、いい加減イヤになりました。」などと記載したメールを送信した。また、YはXに「無責任なずるい人と生活していけないので離婚して下さい。」「夫婦であるメリットが感じられない」などといったメールを送信した。
平25.7	Yは人工授精をし、Xは精子を提供した。
平26	長男はASDと診断され、東京都から愛の手帳（総合判定4度）を交付された。 XはYと長男の幼稚園の夏祭りに出席し、北海道旅行をした。長男の運動会に出席した。
平27	Xは職場で知り合ったBと不貞関係になった。 Yは、Bと面談し、BがYに慰謝料400万円支払うとの示談書を作成した。
平27.12.21	Xは自宅を出て別居した。
平28.1	Xは離婚調停を申し立てた。
平29.4	長男はASD及びADHDの合併があることが判明し、障害等級2級の障害者手帳の交付を受けた。主治医は、長男は予期しない変化は苦手でパニックを起こす、両親の離婚は到底受け入れられないなどとする意見書を提出した。

○当事者の主張

〔Xの主張〕

　Yは、長男の妊娠を契機として、Xに対し、攻撃的な態度を強め、Xの人格を日常的に否定した。また、Xは、鼠経ヘルニアの手術後帰宅し、激痛から身動きができなかったにもかかわらず、Yは、遠目に

見ているだけであった。Xの実家でXが転倒し、顔面を骨折する重傷を負ったにもかかわらず、Yは、Xのことを一切心配しなかった。長男出産後も日常の会話は全くなかった。Xは、Yから道具のように扱われているとしか感じられなかった。

Yは、平成24年頃、Xに対し、「もううんざりです。」、「こちらに帰って来なくて結構です。」、「夫婦であるメリットが感じられない」、「もう夫婦じゃなくていいんじゃないの？」、「離婚して下さい。」などと記載したメールを送信した。また、Xは、同年8月頃、友人に対し、当時のXとYとの関係が別居状態にあることを記載したメールを送信した。以上によれば、平成24年には婚姻関係は破綻していたものである。

平成27年3月、Yは、理不尽な理由で激高し、XとYは、激しい言い争いとなった。Yは、この際、Xに対し、「子供は私が大切に育てます。」と記載したメールを送信し、Xは「そうすればいい」と返信した。よって、同月には、XとYの婚姻関係が破綻した。

XとYは、平成23年4月から家庭内別居となり、平成27年12月から物理的にも別居したから、XとYの婚姻関係の破綻は明らかである。

〔Yの主張〕

Yは、平成25年7月に不妊治療をしたこと、XとYとの間で相手に対する配慮を含む日常的なメールのやりとりをしたこと、平成26年には家族で旅行をしたこと、平成27年中まで、週末は、Yが作った夕食を家族3人で食べたり、買物に出掛けたり、カレンダーに家族3人の予定を書いて情報を共有したりしていたことなどからすれば、Xが主張する時期には婚姻関係は破綻していない。

XとYの婚姻関係は、元々良好であったところ、平成27年4月から、Xが職場のBと親密になり、同年7月からBの自宅に入り浸るなど不貞を継続したことから悪化したものである。

第3章　有責配偶者

　Yの手紙やメールは、Yが妻ないしは長男の母として、Xに夫として、特に長男の父としての自覚を促すために伝えたものにすぎない。

裁判所の判断

　Yの態度にXが不満であったとしても、婚姻関係が破綻したとは認められない。しかし、口頭弁論終結日には別居後6年以上経過しており、破綻している。

　ただし、Xは有責配偶者であり、10歳の長男にとって両親の離婚は受け入れ難くパニックを起こすとの医師の意見やYの生活状況からして、信義則上、離婚請求は認められない。

（判断理由）

1　XとYは、平成25年7月には第2子をもうけるために人工授精をしたこと、平成26年には、長男の幼稚園の夏祭りや運動会に出席したり、北海道に旅行したりしたこと、平成27年には、長男の誕生日を祝ったり、運動会に出席したことなどから、少なくともXが別居を開始した平成27年12月21日の時点では、XとYの婚姻関係は破綻していたとは認められない。

　Xは、平成23年4月、知人に対し、Yが妊娠中に精神的におかしくなり、毎日罵声を浴びせられ、肉体的にも精神的にもギリギリであったこと、出産後も言い方一つで激怒するような状態でくたびれたなどと記載したメールを送信し、また、鼠経ヘルニア手術後やXがXの実家で転倒した際に、Xが望むような対応をYがしなかったことは認められる。しかしながら、その後、XとYが同居し、第2子をもうけることを考えていたことなどに照らすと、上記時点にお

いて、XとYの婚姻関係が破綻していたとは認められない。

2　Yは、平成24年、Xに対し、離婚して下さいなどと記載したメールを送信したり、Xが、知人に対し、XとYとの関係が別居状態にあることを記載したメールを送信したりしたことが認められる。しかしながら、YからXに対するメールは、Xの育児等へのかかわり方に対する不満を記載したものと認められるから、上記メールがあるからといって、平成24年の時点において、XとYの婚姻関係が破綻していたとは認められない。

3　平成25年5月、YがXに対し、Xを非難するような手紙を作成したこと、平成27年5月には、Yが、Xに対し、「離婚したいならきちんと話してくださいよ」と記載したメールを送信したが、これは、Yも仕事をしているのに、Xが長男のことについてY任せとなっていることなどに不満を募らせて作成したものと認められ、強い口調でXを非難するものであったとしても、これをもってXとYの婚姻関係が破綻しているものとは認められない。その後も、離婚について具体的な話もでておらず、週末は家族で食事をしたり、出掛けたりしていること、XがBと不貞していることが発覚した際に、Yは、Xに知られずにXとBとの不貞を収束する方法を考え、Bとの間で示談書を作成したことなどが認められ、これらの事実に照らせば、この時点において、婚姻関係が破綻していたものとは認められない。

4　しかしながら、Xは、平成27年12月21日、Yと別居し、その後一貫してYとの離婚を求めており、Yには憎しみと嫌悪の感情しかないと述べていることが認められ、他方で、Yは、Xに連絡を取ろうとしたことはなかったことが認められる。かかる事実に加え、口頭弁論終結時点において、別居から既に6年以上が経過していることに照らすと、XとYとの婚姻関係は、既に破綻しており回復の見込

みがないと認められる。

　XとYの婚姻関係が破綻したのは、Xが、平成27年7月頃、Bと不貞行為をし、同年12月、Yと別居したことにより、その後長期間の別居が継続したことによると認められるところ、Xは、別居の契機となった不貞を行ったものであるから、有責配偶者に当たる。

5　前記認定事実のとおり、XとYの間には、口頭弁論終結時点において10歳になる長男がいるが、長男は、ASD及びADHDを合併し、東京都から障害等級2級の障害者手帳の交付を受けている。医師によれば、ASDの特性として、予期しない変化は苦手で、パニックを起こすことが挙げられるところ、両親の離婚は、予期しない変化に該当するから、到底受け入れられないとの意見が提出されていることが認められる。また、Yは、脳神経外科医であり、令和元年は992万7,870円の給与収入があったことが認められるが、Yは、小田原市のクリニックを含む3か所で勤務しているものの、いずれも非常勤であること、仕事をしながら長男の面倒を見ているところ、長男の上記特性により、長男が言葉で自分の気持ちを伝えられないことやADHDにより忘れ物等が多いことから対応が大変であることなどが認められる。以上によれば、XとYが結婚した平成19年11月からXとYが別居した平成27年12月までが約8年であり、別居から口頭弁論終結時まで6年以上が経過し、別居期間がそれなりに長くなっていることを考慮しても、Xからの離婚請求は信義則上認められない。

コメント

　本件は、医師同士の夫婦であり、それぞれ、別の職場で働いているが、夫は鼠経ヘルニア手術後の妻の対応、自宅で転倒した際の妻の対

第3章　有責配偶者　　197

応などに不満を持ち、特に長男出産後の妻の対応に神経を遣い、妻も夫に対し、予定の伝達などについて厳しい内容のメールを送信し、また、「離婚して下さい」「夫婦であるメリットが感じられない」などと厳しい言葉を用いたメールを送っています。しかし、夫と妻は第2子をもうけるための人工授精を行い、家族で旅行したり、長男の運動会に共に出席したりもしています。裁判所は、以上の事情から、夫が不貞行為を行い、別居するまでの時点ではいまだ破綻していないと認定したものです。夫と妻のやり取りをみると、妻は、かなり厳しい表現で遠慮なく、夫に不満をぶつけているような印象ですが、破綻を決定付けるような事実関係が見い出せなかったということでしょう。そして、夫に不貞関係が生じた上、別居に至って初めて破綻が認定されましたが、夫の不貞を理由としたものですから、夫は有責配偶者とされました。そして、特に未成熟子である長男の障害が大きな事情として、夫からの離婚請求は信義則に反するとして否定されました。夫婦が双方とも専門的な職業に就き、収入の点でもどちらかが扶養しているというものではなく、全く対等の立場で不満をぶつけ合っている印象です。このような点は従来には余り見られなかったといえるでしょう。

　有責配偶者の離婚請求が認められるための要件の観点でみると、①別居が相当の長期間に及んでいること、②未成熟子が存在しないこと、③相手方配偶者が離婚により精神的・社会的・経済的に極めて過酷な状態に置かれる等離婚請求を認容することが社会正義に反するといえるような特段の事情がないことですが（最大判昭62・9・2民集41・6・1423）、本件では、同居期間が約8年間、別居期間が約6年間ですから、相当の長期間の別居といってよいと思います。しかし、未成熟子の要件で、特に、障害を持つ長男に対する精神的悪影響が重視されたため、上記要件を満たさなかったといえます（単に未成年の子というだけで

はなく、その監護・福祉に対する悪影響が重視されました（最判平6・2・8判時1505・59参照）。）。その意味で、離婚によって生ずる過酷要件には踏み込む必要がなかった事例といえるでしょう。

＜参考判例＞

○障害を持って生まれた子に対し、愛情を示してこなかった有責配偶者からの離婚請求が棄却された事例（東京高判平20・5・14家月61・5・44）

第3章　有責配偶者　　199

【42】　有責配偶者である夫からの再度の離婚請求であるが、同居期間は約３年11か月であるのに対し、別居期間は９年１か月に及んでおり、離婚によって妻子が母子家庭となるとしても、妻を経済的、社会的、精神的に過酷な状況に置くとはいえない。また、夫と交際相手及びその間の子との新たに形成された生活関係に対する配慮も必要であるなどとして、離婚請求が認容された事例　　（福岡高那覇支判平15・7・31判タ1162・245）

（原審：那覇地沖縄支判平15・1・31判タ1124・244）

事例の概要

○当事者等
　Ｘ：原告（夫　被控訴人）
　Ｙ：被告（妻　控訴人）

○事実経過

平2. 5. 16	婚姻。同年長女Ａ出生。Ｘは沖縄県で病院勤務の眼科医。
平5. 6	二女Ｂ出生。
平5. 7頃	Ｘは、ＹがＢ出産後、Ｘの眼科専門医試験受験に配慮して実家に帰省していた間に、Ｄと性的関係を持ち、これをＹに告白し、夫婦関係が円滑を欠くようになった。
平5. 12	ＸはＸ名義でマンション（本件マンション）を購入し、Ｙが子らと同マンションに転居し別居が始まった。
平6. 3	Ｘは本件マンションでＹや子らと再び同居を始めたが、喧嘩が絶えなかった。

平6. 7	Xは再び別居した。以降別居が続く。 Xは以下の調停が成立するまでの4年間、病院からの給与振込先預金通帳をYに預け、年間合計約850万円を交付した。
平9. 7頃	XはDと離別し、Eと交際するようになり、同10月頃からEと同居した。
平10. 4	Xが夫婦関係調整（離婚）調停を申し立てたが、不調となり、離婚裁判を提起した。
平10. 10	Yの申し立てた婚姻費用分担の調停等において、婚姻費用として年間480万円を支払う、XはYに本件マンションを二女が成人するまで無償で使用させる、Xと二人の子を毎月1回面接交渉させるなどの調停が成立した。
平11. 8	XとE間にCが出生した。
平12. 2	那覇地裁は、XとY間の婚姻関係は破綻している、Xは有責であるが、別居期間は6年に及び同居期間を上回っているなどとしてXの離婚請求を認容する判決をした。Yはこれに対して控訴を提起した。
平12. 7	福岡高裁那覇支部は、未成年子二人がいることなどを理由として、原審判決を取り消し、Xの離婚請求を棄却した（以下「前訴」という。）。 Xは上告受理申立てをしたが、最高裁は、平成12年11月28日に不受理決定をし、判決は確定した。 Xは郷里である石垣島に帰り、両親と同じ敷地内でE及びCと同居し、同年10月にCを認知した。
平13. 1	Xは那覇家裁に対して、Yを相手方として、離婚、養育費支払、慰謝料支払、面接交渉等を内容とする夫婦関係調整調停を申し立てたが（以下「本件調停」という。）、5月に不成立となった。
平13夏	AとBは、夏休みに石垣島のXの郷里を訪問し、EやCとも会い、Cとは打ち解けて交流した。
平13. 8	Xは那覇地裁沖縄支部に本件訴えを提起した。

第3章 有責配偶者　201

○当事者の主張

〔Xの主張〕

1　前訴でXが慰謝料支払の主張をしなかったのは、審理が具体的な離婚条件にまで及ばなかったからである。

2　XとYは平成6年7月以来別居しており、別居期間は11年の婚姻期間のうち、7年以上に及ぶ。

3　Xは、慰謝料300万円は既に支払済であり、養育費も支払っている。Xの年収は、手取りで1,092万2,700円であるが、このうち約800万円、約73%以上がYら母子のために使われている。また、沖縄県の県民所得の平均は約217万円であるが、これとの対比でもXの送金額1年当たり420万円は平均以上の生活を保障するものである。

4　離婚請求が認容されても、父子関係が断たれるわけではない。現に、経済的負担はしているし、面接交渉にも誠実に対応している。逆に、離婚請求を棄却したところで、AB二人の子とともに暮らせることになるわけではない。むしろ、形骸化した夫婦関係を維持しようとすると、子を親の争いの中に巻き込むことになり、かえって、子の福祉に反する結果となる。

5　Xは、E及びCとともに父母の許に帰り、父の眼科医院で父を助けて診療に当たり、新たな生活関係を築きながら、婚姻費用の分担を続けており、CもA及びBと同じXの子であり、物心のつく前に嫡出子の身分を取得させる必要がある。Eに対する責任も全うしなければならない。

〔Yの主張〕

1　本件判決に対する上告不受理決定から、本件調停申立てまでには45日間しかない。その間に前訴と本訴の訴訟物に変化があったわけではなく、両訴の訴訟物は同一であるから、本訴請求は一事不再理の法理に反する。

2　XとY、二人の子は、別居後も平成7年6月23日から同年7月1

日までの8日間と、7月8日に同居して家族らしい生活を送っている。

3　Yは、X及び子供二人を交えて、元の楽しい一家を築くことを熱望しており、離婚が認容された場合、Yと二人の子の精神的打撃は測り知れないものであり、Yと二人の子は精神的に苛酷な状況に置かれる。また、離婚が認容されると、Yと二人の子は母子家庭となり、社会的にも苛酷な状況に置かれることになる。

　さらに、Xの提案している養育費は婚姻費用年額480万円を60万円下回るものであり、慰謝料の300万円を考慮しても、5年目以降は年額60万円の減額となる。

4　本訴請求を棄却して、二人の子とXの間の戸籍上の父子関係を残しておくことこそが二人の子のこれからの心の成長にぜひとも必要である。

5　本訴請求は権利の濫用に当たる。

> ## 裁判所の判断

1　本訴請求は一事不再理によって排斥されない。

2　同居期間は約3年11か月であるが、別居期間は9年1か月に及んでいる。

3　紛争深刻化の原因は、Xの性急さにもあるが、協議自体を頑なに拒否したYの態度にもある。XとYの夫婦関係は既に形骸化している。

4　Xの送金額は、一般的な沖縄県の平均以上の生活を営むに足りるものであり、本件マンションへの居住などを総合すれば、離婚が認められても、Yを経済的に過酷な状態に置くことにならず、社会的に過酷な状態に置くことにもならない。

第3章　有責配偶者　　203

> 5　離婚請求を棄却することにより、形骸化した夫婦関係を放置することになり、かえって子の福祉を害する危険性がある。
> 6　本件離婚請求は、信義誠実の原則から容認されないものではない。

（判断理由）
1　離婚請求の当否は総合判断であるところ、Xが前訴口頭弁論終結後の事情として主張する慰謝料の支払提案等の事実は前訴において主張することができなかったものであり、本訴請求は一事不再理の原則に違反しない。
2　同居期間は約3年11か月であるが、別居期間は9年1か月に及んでいる。
3　前訴の控訴審判決では、夫婦関係は、Xの不貞が原因で完全に破綻したと認定されており、その後の経過によれば、Xは送金額を月20万円に減額する挙に出たが、その原因は、Yが協議離婚や和解について一切の応答をしなかったので、Xが「兵糧攻め」しかないと判断したことによると認められ、紛争に子らまでも巻き込まれている。その原因は、上告不受理決定から45日後に本件調停を申し立てたXの性急さにもあるが、協議離婚や和解による解決に向けた協議自体を頑なに拒否したYの態度にもその原因の一端がある。別居は長期間に及び、夫婦関係破綻の度合いは極めて深刻であり、XとYの夫婦関係は既に形骸化している。
4　XはYに対して慰謝料の趣旨で300万円を支払った。そして、Xの収入は手取りで1,092万2,700円であるが、このうちの養育費相当分420万円は全体の38.4％に相当するところ、沖縄県の県民所得の平均は約217万円であり、これとの対比でも、Xの送金額1年当たり420万円は、経済的には、一般的な沖縄県における平均以上の生活を営むに足りるものであり、離婚請求を認容しても、Yを経済的に過

酷な状況に置くことはないし、Yと子らが母子家庭となるとしても、社会的に過酷な状況に置かれるわけではない。そして、XがY親子に本件マンションに無償で居住することを認めているなどのことからすれば、Yを経済的、社会的、精神的に過酷な状況に置くとはいえない。

5 離婚請求を棄却しても、形骸化した夫婦関係を放置することになり、XY間の葛藤、緊張が継続、増大し、これが未成熟子に大きな影響を与え、子の福祉を害する危険性さえある。離婚請求を棄却しても、Yと子らが現実の生活上の父子関係を回復できるものではない。

6 Eは、XとYの婚姻関係の破綻について有責ではなく、XとE及びCとの新たに形成された生活関係に対する配慮も必要である。

7 以上によれば、本件離婚請求が信義誠実の原則に照らして、なお容認されない特段の事情は存在しない。

$$\boxed{\text{コメント}}$$

　本件は、夫から妻に対する離婚請求事件ですが、前訴の控訴審で、夫婦関係は完全に破綻しているが、有責配偶者の離婚請求であるところ、未成熟子がいるなどとして、請求が棄却され確定しました。しかし、約8か月後に、夫から再度、離婚裁判が提起されたものです。本訴においては、前訴とは異なり、原審及び控訴審は、離婚請求を認容したものです。まず、婚姻関係が破綻していることは前訴と同じく前提とされましたが、今回は、妻も、協議に一切応じなかった態度などに紛争の深刻化について責任の一端があるとされました。控訴審判決においては、まず、同居期間は約3年11か月であるが、別居期間は9年1か月に及んでおり、別居期間が同居期間に比して既に相当長期間に至り、夫と交際相手との間に子が出生し、新たな家族生活が築かれ

第3章　有責配偶者　　　205

ていること、離婚請求を棄却しても、元の家族生活が回復するもので
はないことが重視されたと考えられます。その上で、夫は、妻子に対
し、マンションへの居住や養育費支払等、経済的に相当の配慮をして
いたことから、離婚が認容されても、妻子が経済的、社会的に過酷な
状況に置かれるとはいえないこと、さらに、夫と子らとの面接交渉の
状況も検討し、精神的にも過酷な状況に置かれるとまではいえないと
されたものです。有責配偶者の離婚請求については、最高裁大法廷昭
和62年9月2日判決（民集41・6・1423）の3要件が規範的なものとされ
ますが、本件は未成熟子が二人いますので、形式的には、未成熟子が
いないという要件に該当しませんが、最高裁平成6年2月8日判決（判
タ858・123）において、「未成熟の子がいる場合でも、ただその一事をも
って右請求を排斥すべきものではなく」として、「有責配偶者の責任の
態様・程度、相手方配偶者の婚姻継続についての意思及び請求者に対
する感情、離婚を認めた場合における相手方配偶者の精神的・社会的・
経済的状態及び夫婦間の子、殊に未成熟の子の監護・教育・福祉の状
況、別居後に形成された生活関係、たとえば夫婦の一方又は双方が既
に内縁関係を形成している場合にはその相手方や子らの状況等がしん
しゃくされなければならず、更には、時の経過がこれらの諸事情に与
える影響」等の事情を考慮して、有責配偶者からの離婚請求が信義誠
実の原則に照らしてもなお容認されるかどうかを判断するとされてい
ます。本件における裁判所の判断は、これに沿い、当事者の実際の生
活状況を重視して、未成熟子の要件や過酷要件をクリアしたものです。
現実的な解決を図った点が今後、同様の事案について参考となります。

＜参考判例＞
〇別居期間が約6年であった有責配偶者からの離婚請求が認容された事例
　（東京高判平14・6・26判時1801・80）

206　　第3章　有責配偶者

【43】　有責配偶者からの離婚請求だが、婚姻期間が9年6
か月であるところ、別居期間は8年5か月であり、相
当な長期間に及び、また、小学3年の長男は妻の努力
等により良好な教育環境が保たれていること、妻の医
師という職業からすると今後も相当程度の収入がある
と予測されること等から、離婚請求が信義則に反する
とまではいえないとされた事例

（東京地判平19・11・7（平16（タ）103・平17（タ）12））

事例の概要

○当事者等
　X：原告（夫　予備的反訴被告）
　Y：被告（妻　予備的反訴原告）

○事実経過

平10. 3	婚姻。 Xは同年4月から大手建設会社勤務。Yは平成12年大学医学部卒業後、内科医として病院勤務、平成19年にクリニック開業。 Xの母が膵臓がんで手術適用外、余命1、2年と判明。Yが種々尽力。
平10. 4	Xの勤務先が大阪となり、東京在住のYとは別居となったが、Xは月3回程度は東京に帰り、Yと過ごした。
平10. 9	Yが長男出産、Xの実家で生活。 Xの母と軋轢。
平10. 10	Xの母再度の入院。Xの母がYを誹謗し、攻撃的な態度。

	Xは母の言うことを信じ、Yを非難し、喧嘩が起こるようになった。
平10. 12	Xは東京に戻ったが、Yには連絡せず、Yの借りたアパートにも立ち寄らなかった。YがXの実家のマンションを訪問したが、応答しなかった。
平11. 1	XはYに対し、離婚したくないが、親に言われて弁護士を依頼したから元に戻れないなどと述べた。 Yは、Xを相手方として夫婦関係調整（円満）調停を申し立てた。
平11. 2頃	Xは給与振込口座を変更し、Yが引き出せないようにした。
平11. 4	Xは東京支店に転勤が決まったが、Yには連絡しなかった。
平11. 7	家庭裁判所で、XとYは当面別居を続け、Xが婚姻費用として月額22万円を支払うとの調停が成立した。
平14. 5	Yは続発性無月経、自律神経失調症との診断を受けた。
平14秋	XはYを相手方として、夫婦関係調整（離婚）調停を申し立てたが、Yが出頭せず、不成立となった。
平15. 9	Xの母が亡くなったが、XはYに知らせなかった。
平17. 4	長男は伝統のある私立小学校に入学した。口頭弁論終結時で3年生。

※備考　Yは、医師として稼働しながら育児をしており、長男のため、小学校を卒業するまでは離婚しない方がよいと考えている。

○当事者の主張

〔Xの主張〕

　X及びYの事実上の別居から約8年8か月、正式な別居（平成11年7月15日）から約8年1か月が経過しており、X及びYが元の結婚生

活を再開することはもはや不可能な状態であり、X及びYの婚姻関係は完全に破綻している。

Xは、平成10年11月中旬から下旬に、Yから離婚の申出を受け、その約2週間後に離婚の承諾をしたのであって、その後の別居には正当な理由があり、有責性はない。

〔Yの主張〕

本件は、がんの闘病中であったXの母と、医者の卵として献身的な努力をしたYとの諍いが原因となって生じた夫婦間の不和が火種であるが、問題を大きくしたのは、夫の立場を放棄し、上記軋轢から逃避し、円満な夫婦関係の実現に消極的で自ら努力しないXであり、婚姻関係が破綻しているとするならば、その責任はXにあり、Xは有責配偶者である。

X・Yの間には現在8歳（小学校3年生）の長男がおり、別居期間は、未成熟の子が一人前の成人になるほどの長期間に及んでいない。Yは、母親の役割だけでなく、Xに代わって父親の役割も務めながら長男を育て、同時に、医師の資格を取得し、医師としての専門的キャリアを積むべく必死に努力してきたが、XはYのこのような努力を酌むことなく、長男のために小学校を卒業するまでは戸籍上父親がいる状態にしておいてほしい、長男が中学校に入学すれば離婚に応じるというYの和解の提案を受け入れず、直ちに離婚したいと希望し、また、本件訴訟でX及びY本人尋問がなされる直前に、婚姻費用分担の減額を求める調停を新たに申し立てるなど、父親としての責任感が欠落している。このような状態で離婚が認められれば、Yが精神的・社会的・経済的に過酷な状況に陥ることは明らかであり、Xの離婚請求は、信義則に反する。

第3章　有責配偶者　　209

> ## 裁判所の判断
>
> 　8年5か月の別居期間は、9年6か月の婚姻期間、XとYの年齢が30代半ばであることなどからすれば、相当な長期間であり、Xの行動等を考慮すれば、婚姻関係は破綻している。Xは有責配偶者であるが、Xからの離婚請求が信義誠実の原則に反するとまではいえない。

（判断理由）

1　XとYは、婚姻当初は、お互いの仕事や学業の都合で別居生活をすることを承知していたのであるが、別居の必要がなくなった後も、XがYとの同居を避けて別居を続け、その期間は、口頭弁論終結時点（平成19年9月5日）で、約8年5か月に及んでいる。同時点までの婚姻期間が約9年6か月であること、X、Y双方の年齢が30代半ばであることなどを考えると、別居期間は相当な長期間であると評価される。そして、この間、XとYの間にほとんど直接的な接触がないこと、Xの現在の行動などからは、もはや、婚姻関係の回復を期待することは困難であるといわざるを得ず、XとYの婚姻関係は既に破綻したと認めるのが相当である。

2　XとYの婚姻関係が破綻した原因は、Xが、医学生としての勉学を続けながら、かつ、Xの母の治療や看護について考え得る限りの手を尽くそうと努力していたYに対する配慮を欠き、YとXの母との軋轢に直面したときに、もっぱらXの母の一方的な言い分を信じ、Yの言い分を聞いて母の誤解を解くよう努めたり、Yをかばったりせず、Yに対する感謝や労りの気持ちを示すこともなく、Yと母との軋轢に関わることを避けて、一方的に、同居、協力義務を放棄し、

一時期は、YがXと直接話し合おうにも連絡が取れないような状況にした上、長男の養育についても、長男と会うとYとも会うことになり、そうすると婚姻関係が継続していると判断されて離婚が認められなくなるとの身勝手な理由で拒んできた、一連のXの対応にあるといえるから、Xは有責配偶者である。

3　別居期間が相当の長期間に及んでいること、長男は一貫してYの監護の下で育てられており、Yの努力や周りの援助により良好な教育環境が保たれていること、Yの医師という職業からすると今後も相当程度の収入があると予測されること、Xが平成11年7月に成立した調停に従って婚姻費用（月22万円）の支払を続けており、長男の養育にも無関心ではないことなどに照らすと、離婚が長男自身やその学校生活に与える影響が大きいであろうことを考慮しても、離婚により、Yが精神的・経済的に過酷な状況に置かれるとまでは認めがたい。

　なお、事実経過によれば、これまでにYが受けた精神的苦痛や長男の養育に尽くした努力と経済的負担、今後離婚により被るであろう精神的苦痛の大きいことは容易に認められるところであり、また、離婚によりYが被る経済的不利益も小さなものとはいえない。しかしながら、これらの補償は別途解決されるべきものであって、そのために離婚請求を認容し得ないということはできない。

　したがって、Xからの離婚請求が信義誠実の原則に違反するとまではいえず、Xの離婚請求は認められる。

> コメント

本件は、別居期間が8年5か月に及び、婚姻期間が9年6か月であることと対比すれば、相当な長期間であるとし、夫の態度等をも考慮

第 3 章　有責配偶者　　211

して婚姻関係が破綻したと認められた事案です。そして、婚姻関係の破綻は、婚姻後、間もない頃から、夫の母と妻との間が不和となったところ、夫が安易に母親の言い分を聞いて、同居、協力義務を放棄したことにあることから、夫は有責配偶者とされました。一方、妻は、認定事実からすれば、医学生として勉学しながら、夫の母の治療や看護についても尽力し、子の養育に努めるなど非難すべき点がうかがえません。そうすると、母親と妻との葛藤から逃げ、夫及び父親の役割を放棄した夫に破綻の一方的な責任がありますから、その離婚請求は最高裁大法廷昭和62年9月2日判決（民集41・6・1423）の判旨に照らして厳しく判断されることになります。その要件は、①夫婦の別居が両当事者の年齢及び同居期間との対比において相当の長期間に及んでいること、②夫婦の間に未成熟子が存在しないこと、③相手方が離婚により精神的・社会的・経済的に極めて過酷な状態に置かれるなど離婚請求を認容することが著しく社会正義に反するといえるような特別の事情の認められないことです。本件では、①の相当の長期間の別居の点は、婚姻期間中の同居の実態が薄いことや当事者の年齢も考慮すれば、肯定されるでしょう。しかし、②の未成熟子の点は、実際に長男が小学校3年生の未成年子ですから、この点で、請求棄却もあり得るのでしょうが、裁判所は、長男に良好な教育環境が保持されているなどの状況を認定して、離婚請求を棄却するには至らないと判断しました（【42】のコメント参照）。③の過酷要件は、妻が医師であることも考慮して、妻が離婚により精神的・経済的に過酷な状況に置かれることはないと結論したものです。妻も自立して生活できる状況にあることを反映して、未成熟子の点や過酷状況の点を判断した事案であるといえるでしょう。今後、妻もこのような専門的な職業に就いている事案も増えるでしょうから、参考となると思います。

＜参考判例＞

○未成熟子が存在するが、高校卒業の年齢であり、離婚に伴う経済的給付
　も期待できるなどとして、有責配偶者からの離婚請求が認められた事例
　（最判平6・2・8判時1505・59）

（過酷要件）

【44】　別居してから既に12年以上経過後の、有責配偶者である夫からの離婚請求であるが、妻は、現在、資産も安定した住居もなく、離婚が認容されると経済的苦境に陥る。長男は、成人しているが、身体的障害・成育歴等から、妻が独力でその生活の援助を行わざるを得ないのであり、妻を精神的、社会的、経済的に極めて過酷な状況に置くことになるとして、離婚請求が棄却された事例　　　　（東京高判平20・5・14家月61・5・44）

（原審：東京家判平19・8・31家月61・5・55）

事例の概要

○当事者等

X：原告（夫　予備的反訴被告・被控訴人）

Y：被告（妻　予備的反訴原告・控訴人）

○事実経過

昭53	婚姻。長女E、長男C、二男Fが出生した。
	XとYは婚姻後、Xの実家でXの両親と同居した。
	Xは会社勤務、相続した土地で駐車場を経営するため有限会社を設立し給与を得ている。その他、土地の賃貸料収入がある。
	Yは、会社を退職し、平成15〜16年に介護ヘルパーのパート勤務をしたが、現在稼働していない。
	長男Cは口蓋破裂等の障害を持って出生。Xの母とXはCを邪険に扱った。

昭59	XとYはXの両親と別居すべくマンションに引っ越した。
昭61	XとYはXの実家に戻った。XやXの母は健常者である二男Fだけを可愛がり、Cをあからさまに差別した。
平5	YはXらの態度に耐えかねて、別居するために離婚調停を申し立てたが不成立で終了した。Yは、近くにアパートを借りて別居した。Xが母の援助で3人の子を監護養育した。
平11	Cが高校を中退し、万引きを繰り返し平成12年には医療少年院に収容された。
平14	Cが少年院を退院したが、Xは引き取らなかったので、Yは仕事を辞め、Cと同居した。Xが生活費を支払わないので、Yは介護ヘルパーをパートでするようになった。
平16	Cは車上狙いをして逮捕された。Yは長女E方で世話になるようになったが、腰痛等で仕事をしていない。
平17	YはXに対し、婚姻費用分担調停を申し立て、Xが月額14万円を支払う調停が成立した。

※備考　Cは平成16年の逮捕後、派遣社員として稼働するも解雇され、路上生活者として生活するなどした。Cは平成18年に所在不明となり、平成20年に連絡がとれた。

　　　Yは更年期障害に加え、腰痛を患い、Xとの紛争やCに対する心労から抑うつ気分等の精神症状を発症し、医師から「抑うつ症」の診断を受けている。

　　　Xは、Cが医療少年院に収容されている間、一度も面会に行かず連絡も取らず、退院に際して身元引受人となることを拒否した。Cが経済的援助を求めた際にも一切拒絶している。

○当事者の主張

〔Xの主張〕

　Yは、平成6年に家を出て別居し、以来、12年半（原審口頭弁論終

結時。控訴審判決時までで約15年）経過した。

別居の原因はＸＹ双方にある。

３人の子は成人に達している。

Ｘは、マンションを借りたり、実家を二世帯住宅に改造して親世帯と独立して生活できるように環境を整えた。

Ｘは３人の子供を差別しなかった。

婚姻関係は既に破綻しているから、戸籍上だけ婚姻関係を存続させることは反倫理的、反社会的である。

〔Ｙの主張〕

Ｘは夫婦の扶助協力義務に違反し、自己中心的行為により婚姻関係破綻の端緒を作った。

Ｘは、Ｘの母からのＹに対する嫌がらせを放置した。

Ｘは母と共にＣを露骨に嫌がり、他の子供と差別した。

ＸはＹを別居に追い込み、生活費を渡さず、他の複数の女性と不倫関係になった。

Ｘは有責配偶者であるところ、同居期間は18年であり、別居期間13年は相当の長期間とはいえない。

Ｃは、成人に達しているが、親の監護なしでは生活を維持できず、未成熟子に準ずる状態である。離婚が認容されると、Ｃの福祉に重大な影響を及ぼす。

Ｙは腰痛及び精神障害（抑うつ状態）を患っており、離婚が認容されると、経済的・精神的に極めて過酷な状態に置かれる。

裁判所の判断

別居期間が12年以上（原審口頭弁論終結時）経過し、婚姻関係は

修復不可能である。破綻原因はXのYや長男Cに対する姿勢にあり
Xは有責配偶者である。離婚が認容されると、Yは経済的苦境に陥
る。また、Xが長男Cと親子関係を回復することは不可能である。
離婚請求を認容すれば、Yを精神的、社会的、経済的に過酷な状況
に置くことになるから、離婚請求を認容することはできない。

（判断理由）

　XとYは別居してから既に12年以上経過し、婚姻関係は修復不可能
である。その破綻原因は主としてXのY及び長男に対する姿勢にある
からXは有責配偶者である。

　Yは、現在、資産も安定した住居もなく、Xからの月14万円の婚姻
費用分担金を唯一の収入として長女方に寄宿して生活している。そし
て、高齢に加え、更年期障害、腰痛及び抑うつ症を患い、新たに職に
就くことは困難である。離婚が認容されると、婚姻費用分担金の支給
がなくなり、経済的苦境に陥り、疾病に対する治療を受けることも危
ぶまれる。また、長男については、身体的障害や生育状況から、Yに
よる後見的な配慮を必要とする。Xの長男に対する従来の態度からす
れば、離婚認容後、Xが長男と実質的な親子関係を回復することはほ
とんど不可能であるから、Yが独力で長男の生活の援助を行わざるを
得ない。そうすると、Xの離婚請求を認容すれば、Yを精神的、社会
的、経済的に極めて過酷な状況に置くことになるから、Xの請求は社
会正義に反するものとして許されない。

$$\boxed{\text{コメント}}$$

　本件は、原審口頭弁論終結時において約12年半、控訴審判決時で約
15年の別居期間があった事案です。そこで、原審及び控訴審共に、婚

姻関係の破綻を認めました。その破綻原因は、主として、夫が母親と共に行った妻及び障害を持つ長男への冷たい態度にあるとして、夫が有責配偶者と認定されたものです。そこで、有責配偶者の離婚請求についての最高裁大法廷昭和62年9月2日判決（民集41・6・1423）の要件を検討する必要がありますが、原審は、別居が相当の長期間に及んでいること、子らは成人していることを認定し、夫からの経済的な給付が行われれば、妻が必ずしも過酷な状況にはならないとして、夫の離婚請求を認容しました。これに対し、控訴審は、長男について、その身体的障害や生育状況から、妻による後見的配慮の必要性について理解を示し、この点も含めて、離婚により、妻が精神的、経済的、社会的に過酷な状況に置かれると判断したものです。この点に関しては、「家裁実務上、特段の事情の要件は、…極めて例外的な場合を想定した救済条項であると理解されており、特段の事情があると認められることはほぼありません」（武藤裕一＝野口英一郎『離婚事件における家庭裁判所の判断基準と弁護士の留意点』193頁（新日本法規出版、2022））との記載があります。そうすると本件は極めて例外的な事情が認められた事例ということになります。妻の現在の窮状や長男に対する後見的配慮の必要性、長年にわたる夫の妻と障害を持った長男に対する態度が認定され、そのことから、離婚すれば、妻が経済的に窮することや夫の長男に対する配慮が期待できないことから、過酷状況を満たすと判断されたものです。有責配偶者の離婚請求について、別居期間が相当長期にわたってもなお、信義則の観点から過酷状況の要件により離婚請求が認容されない場合があるとの参考事案となるでしょう。

218　　第3章　有責配偶者

【45】　別居期間が9年近くに及ぶ有責配偶者である夫からの離婚請求について、離婚すれば、婚姻費用の支払がなくなり、妻が経済的に過酷な状況に置かれ、精神疾患にり患している三男の監護・福祉に著しい悪影響が及ぶ、夫の離婚給付の提案は不確実であるなどとして、離婚請求が棄却された事例

（東京高判令元・8・28（平31（ネ）17））

（原審：東京家裁（平27（家ホ）831）（年月日等不明））

事例の概要

○当事者等

　X：原告（夫　被控訴人）

　Y：被告（妻　控訴人）

○事実経過

昭58.6	XとYは学生時代に知り合い、婚姻した。同年長男出生。
昭60.7	Xは東京都議会議員選挙に当選した。Yは二男を出産したが、Xの選挙活動に協力した。
昭61	XとYはYの実家から資金援助を得て、マンションを購入し、自宅兼事務所とした。Xはその後2回事務所を移転した。昭和62年には三男が出生した。
平元.7	Xは東京都議会議員に再選した。
平2頃	Xは、アパートを賃借し、外泊が増えていったが、自宅マンションにも寝泊りしていた。Yは事務所の仕事を続けていた。
平5.7	Xは、衆議院議員選挙に当選し、アパートを解約し、

第3章　有責配偶者　219

	自宅マンションに戻った。Yは議員の妻として活動した。
平7	XとYはYの実家の資金援助を得て土地を購入しXがローンを組んで建物を新築、転居した。
平8	Xは衆議院議員選挙で落選した。XとYは住宅ローンが払えなくなり土地建物を売却した。
平10	Yと両親は、両親が資金を提供して都内の土地建物を購入し、Xら家族は同所で生活するようになった。1階部分はXが事務所として使用した。
平11.4	Xは区長に当選し平成22年5月まで区長の職を務めた。
平17、18	Xが区議会議員の既婚者Aと不倫関係にあったとの疑惑が複数週刊誌で報道された。Xは平成17年にはBと交際を開始し、BはCを出産した。
平22	Xは参議院議員選挙出馬のため区長を辞任し、e党を結成したが、落選した。Xの選挙資金に係る多額の借入金などをめぐってXとYは口論し、Xは以降、自宅に戻らなくなった。
平23.1	Yの同意によりXのCに対する認知が実現した。
平24.12	Xは衆議院議員選挙に当選し、議員宿舎に居住するようになった。XとYは月1回程度は家族で外食をし、連絡を取り合い、Yは、Xの政治活動に協力してきた。
平26.12	Xは衆議院議員選挙に落選した。
平27.6	XはYを相手方として、夫婦関係調整（離婚）調停を申し立てたが、不成立となり、Xは、本訴を提起した。
平28.7	Xは参議院議員選挙に当選した。

※備考　二男は国家公務員、三男は無職であり、パニック障害及びうつ病のため、日常生活に著しい制限を受けており、一人暮らしは困難で

ある。Ｙは無職で収入はない。Ｙは離婚が三男に与える精神的影響を心配している。

○当事者の主張

〔Ｘの主張〕

別居期間は長く、Ｙとの婚姻関係を清算したい。

〔Ｙの主張〕

婚姻関係は破綻していない。別居中も、家族で外食したり、ＹはＸの政治活動に協力している。

裁判所の判断

Ｘはゐ及びＣと日常的に交流しており、別居期間は約８年９か月に及んでいる。そして、Ｘは強い離婚意思を有しているから、婚姻関係は破綻している。破綻原因は、不貞相手との間に子をもうけ、一方的に別居状態を作り出したＸにある。離婚を認めればＹは経済的に過酷な状況に置かれ、三男の監護及び福祉にも大きな悪影響を及ぼす。Ｘの離婚請求は認められない。

（判断理由）

Ｘは、平成17年にはＢと交際し、平成18年には子Ｃをもうけて認知し、現在はＢ及びＣと日常的に交流しており、Ｙとの間では平成22年９月から始まった別居が続いており、口頭弁論終結時までで約８年９か月に及んでいる。そして、Ｘは強い離婚意思を有しているから、ＸとＹの婚姻関係は破綻している。

婚姻関係破綻の原因は、専ら不貞相手との間に子をもうけ、一方的に別居状態を作り出したＸにあるから、Ｘは有責配偶者である。

Xの責任は上記のように非常に大きい。

Yは強い婚姻意思を有し、Xと同居し、協力して三男を支援する生活を望んでいる。

Yは現在61歳であり、無職無収入であり、今後就労して収入を得ることは困難である。

Yの自宅はYと両親との共有物件であるから住居の確保は心配がないが、離婚すれば、婚姻費用の支払がなくなり、経済的に過酷な状況に置かれる。

三男は成人しているが、精神疾患（うつ病・パニック障害）にり患し、就労が不可能であるから、離婚すれば、三男の監護・福祉に著しい悪影響が及ぶ。

Xの離婚給付の提案について、一括金の捻出は困難である。また、離婚後2年間限定の月額28万円の提案は信義則違反を解消するには足りないし、Xの借入金総額が2億円以上であり、今後の選挙で再選されなかった場合の見通しは全く立たない。

時の経過が与える影響についても、みるべきものはない。Xにおいて保護を検討すべき新しい生活関係は形成されていない。

以上から、Xの離婚請求を認容することは信義誠実の原則に反する。

コメント

本件において、原審は夫の離婚請求を認めましたが、控訴審はこれを棄却しました。別居期間が9年近くに及び、夫が不貞相手との間に子をもうけて認知しており、離婚意思を固めているとの状況からは、婚姻関係は破綻しているといわざるを得ず、この事実関係だけからは、離婚給付の条件によっては離婚を認容するとの判断もあり得るでしょう。しかし、控訴審は、有責配偶者からの離婚請求についての最高裁

大法廷昭和62年9月2日判決（民集41・6・1423）の判旨に沿って丹念に検討した上、夫の有責性の程度が高く、離婚によって妻が経済的に過酷な状況に置かれる可能性が高い、精神障害のある三男の監護・福祉に悪影響を及ぼすとして、離婚請求を棄却したものです。

　本件は、夫の職業が政治家であり、その行動も奔放ともいえるものであって、不貞相手との間に子をもうけて認知し、一方的に別居状態を作り出しており、また、政治活動に伴う借入金が多額であり、今後の選挙の当落により、経済的な状況が左右されるという特異なケースです。このようなケースにおいて、別居期間が9年近くに及んでいるとしても、夫が提案する離婚給付や経済援助の現実性・確実性は不明確であり、妻の経済状況、成人しているが精神的障害のある三男の監護等を考慮すると離婚を認めるのは信義則に違反するとされたものであり、説得力があります。なお、昭和62年最大判は有責配偶者からの離婚請求が許容される要件として、①夫婦の別居が両当事者の年齢及び同居期間との対比において相当の長期間に及んでいること、②夫婦の間に未成熟の子が存在しないこと、③相手方配偶者が離婚により精神的・社会的・経済的に過酷な状態におかれる等離婚請求を認容することが著しく社会正義に反するといえるような特段の事情の認められないこと、を挙げています。そして、三男について実質的には②の未成熟子に準ずるものとも考えられますが、信義則違反は規範的要件であり、総合判断ですから（秋武憲一＝岡健太郎編『離婚調停・離婚訴訟〔改訂版〕』138・139頁（青林書院、2013））、控訴審は、総合的に事実認定をした上で、その評価をしたものと考えられます。

索　引

224

判例年次索引

月日	裁判所名	出典等	ページ
【昭和54年】			
6.21	東 京 高	判時937・39	22,85
【昭和59年】			
7.30	横 浜 地	判タ541・230	69,148
【昭和62年】			
9. 2	最 高 裁	判タ642・73	130
9. 2	最 高 裁	民集41・6・1423	18,53,80 134,165 174,184 188,197 205,211 217,221
【平成3年】			
11.27	名古屋高	判タ789・219	103
【平成4年】			
4.24	横 浜 地	平2（タ）283	127
12.24	東 京 高	判時1446・65	127
【平成5年】			
6.28	広 島 地	判タ873・240	99
12.21	横 浜 地 横須賀支	家月47・1・140	59

月日	裁判所名	出典等	ページ
【平成6年】			
2. 8	最 高 裁	判タ858・123	205
2. 8	最 高 裁	判時1505・59	198,212
【平成7年】			
12.26	東 京 地	判タ922・276	123
【平成12年】			
9.28	東 京 地	平11（タ）896	156
【平成13年】			
1.18	東 京 高	判タ1060・240	74,89
【平成14年】			
6. 7	東 京 地	平13（タ）80	185
6.26	東 京 高	家月55・5・150	175
6.26	東 京 高	判時1801・80	180,181 205
6.27	東 京 地	平13（タ）471	176
【平成15年】			
1.31	那 覇 地 沖 縄 支	判タ1124・244	199
3.10	東 京 地	平14（タ）671・ 平15（タ）73	118
3.25	東 京 地	平14（タ）219	75
6. 4	東 京 地	平14（タ）399	152

月日	裁判所名	出典等	ページ
7.31	福 岡 高 那 覇 支	判タ1162・245	134,155 199
12.25	東 京 地	平15（タ）131	113

【平成16年】

月日	裁判所名	出典等	ページ
2. 9	東 京 地	平15（タ）238	70
6.23	東 京 地	平14（タ）366	3
12.27	東 京 地	平15（タ）509・ 平16（タ）351	90

【平成17年】

月日	裁判所名	出典等	ページ
4.27	東 京 地	平16（タ）225	103
10.27	大 阪 高	平15（ネ）1851	54

【平成19年】

月日	裁判所名	出典等	ページ
3.28	東 京 地	平15（タ）987・ 平18（タ）1	104
8.31	東 京 家	家月61・5・55	213
11. 7	東 京 地	平16（タ）103・ 平17（タ）12	206

【平成20年】

月日	裁判所名	出典等	ページ
4. 8	名古屋高	家月61・2・240	53
5.14	東 京 高	家月61・5・44	198,213
12.24	神 戸 家	家月62・4・96	44

【平成21年】

月日	裁判所名	出典等	ページ
5.26	大 阪 高	家月62・4・85	44
10. 7	福 井 家	家月62・4・105	168

【平成23年】

月日	裁判所名	出典等	ページ
1.19	東 京 家	平22（家ホ）510・ 平22（家ホ）797	109
6.30	東 京 家 立 川 支	平21（家ホ）123	94
9.29	東 京 高	平23（ネ）1502・ 平23（ネ）3411	109
12.20	東 京 高	平23（ネ）5422	94

【平成24年】

月日	裁判所名	出典等	ページ
1.19	東 京 地	平23（ワ）13984	31
8.29	東 京 高	平24（ネ）3197	40
12.21	水 戸 家 土 浦 支	平23（家ホ）42	81

【平成25年】

月日	裁判所名	出典等	ページ
4.25	東 京 高	平25（ネ）754	81
12.24	横 浜 家	平25（家ホ）103	16

【平成26年】

月日	裁判所名	出典等	ページ
4.25	東 京 地	平25（ワ）6943	141
5.27	東 京 家	平23（家ホ）1179	27
6.12	東 京 高	判時2237・47	16
9.11	東 京 地	平25（ワ）17651	11

【平成27年】

月日	裁判所名	出典等	ページ
1.20	東 京 家 立 川 支	判タ1432・99	146,147

判例年次索引

月日	裁判所名	出典等	ページ

【平成28年】

月日	裁判所名	出典等	ページ
5.25	東京高	判タ1432・97	146
7.21	大阪高	平28（ネ）62	41
12.22	横浜家	平27（家ホ）363	86,89

【平成29年】

月日	裁判所名	出典等	ページ
3.9	横浜家 川崎支	平27（家ホ）92	171
4.10	横浜家 相模原支	平27（家ホ）17・平27（家ホ）60	35
6.28	東京高	家判14・70	86,168
11.28	さいたま家	平27（家ホ）304	142
11.28	大阪家	平28（家ホ）500	186

【平成30年】

月日	裁判所名	出典等	ページ
6.15	大阪高	平30（ネ）18	186
6.20	東京高	平30（ネ）46	142
6.20	東京家	平29（家ホ）524	162,163
9.7	千葉家	平29（家ホ）10	19
12.5	東京高	判タ1461・126	162

【平成31年】

月日	裁判所名	出典等	ページ
3.27	横浜家	平30（家ホ）6	137

【令和元年】

月日	裁判所名	出典等	ページ
6.25	名古屋家	平30（家ホ）205	49,53
8.28	東京高	平31（ネ）17	218
8.30	東京家	平30（家ホ）132	131

【令和2年】

月日	裁判所名	出典等	ページ
2.26	札幌家	令元（家ホ）113	63
3.31	東京家	平30（家ホ）1023	6
10.2	名古屋高	令元（ネ）567	49

【令和3年】

月日	裁判所名	出典等	ページ
3.12	名古屋家 一宮支	令元（家ホ）33	32
3.29	東京家	判タ1502・241	23
9.30	さいたま家	令元（家ホ）177・令2（家ホ）261	12

【令和4年】

月日	裁判所名	出典等	ページ
4.21	東京家 立川支	令元（家ホ）222	191
7.7	東京家	判時2541・37	60
7.8	福岡家	令3（家ホ）85	149

最新事例にみる　婚姻関係の破綻原因
　ーモラルハラスメント、別居、
　有責配偶者からの離婚請求などー

令和7年2月10日　初版発行

著　者　赤　西　芳　文
発行者　河　合　誠　一　郎

発　行　所　新 日 本 法 規 出 版 株 式 会 社

本　　　社　（460-8455）　名古屋市中区栄1－23－20
総轄本部
東京本社　（162-8407）　東京都新宿区市谷砂土原町2－6
支社・営業所　札幌・仙台・関東・東京・名古屋・大阪・高松
　　　　　　広島・福岡
ホームページ　https://www.sn-hoki.co.jp/

【お問い合わせ窓口】
新日本法規出版コンタクトセンター
　📞 0120-089-339（通話料無料）
　●受付時間／9：00～16：30（土日・祝日を除く）

※本書の無断転載・複製は、著作権法上の例外を除き禁じられています。
※落丁・乱丁本はお取替えします。　　　　ISBN978-4-7882-9466-0
5100352　婚姻破綻原因　　　　　　　©赤西芳文 2025 Printed in Japan